Christine François-Kirsch

Les années folles (2020-2024)

Recueil de chroniques Facebook

Saudade Éditions

De la même auteure

Sous le nom de **Christine François-Kirsch** :
Ecololo et Lala, contes écologiques / Éd. de l'Aube :
« Marie, pourquoi tu tousses ? » et *« Chatouille, pourquoi tu fouilles ? »* (**Prix Renaudot Benjamin 2011**)

« Bruno Gilles : atout coeur », Éd. BoD

« L'agonie d'un sous-marin dans un champ labouré » - Récit des élections municipales 2020 à Marseille, Éd. BoD

Sous le nom de **Kristin** :
« Une illusion parfaite » / Éd. BoD

« Point de fuite » / Éd. Bod

« K & L se baladent dans la vie (et à Marseille) » - Livre 1 et 2. Textes et photos au moment des confinements. Saudade Éd.

« Comme des interdits » - Livres 1 et 2 : 30 portraits de Marseillais. Saudade Éd.

© Christine François-Kirsch, 2024
Édition : BoD · Books on Demand GmbH, In de Tarpen 42,
22848 Norderstedt (Allemagne)
Impression : Libri Plureos GmbH, Friedensallee 273,
22763 Hamburg (Allemagne)
ISBN : 978-2-3225-5881-0
Dépôt légal : Novembre 2024

Aux éveillés, calmes et déterminés
Aux curieux
À Claire Séverac
À Michèle Rivasi
À l'avenir
À la nature

« *Il ne peut y avoir d'amitié là où se trouvent la cruauté, la déloyauté, l'injustice. Entre méchants, lorsqu'ils s'assemblent, c'est un complot et non une société. Ils ne s'aiment pas mais se craignent. Ils ne sont pas amis, mais complices.* »
Etienne de la Boétie (« Discours de la servitude volontaire »)

« *Les non-vaccinés, j'ai très envie de les emmerder* ».
Emmanuel Macron,
président de la République française (2017 - …)

Quatre années complètement folles de chroniques Facebook...

Il y a plus de 16 ans, lors d'un déjeuner dominical, je me souviens avoir expliqué à la tablée, yeux presque exorbités devant ce que je racontais alors, ce qu'était Facebook. Comme c'était drôle de communiquer sur un réseau social, d'échanger des idées, des anecdotes, des photos. De retrouver des personnes perdues de vue.
Le premier post que j'ai écrit sur Facebook traitait d'un film, *« La vie moderne »*. Des débuts de débutante...
Depuis, des millions et des millions de personnes s'y sont inscrites, elles y ont rencontré des tas de personnes, partagé des émotions et des coups de gueule, donné des tips et des recommandations. D'autres ont été bloquées, certains s'en sont donné à coeur joie pour insulter et en laissant exploser le petit tyran qui sommeillait en eux depuis si longtemps. Enfin, quelques-uns, de plus en plus nombreux, en sont partis, trouvant ce réseau social de plus en plus pénible car envahi par les pubs.

Quelque chose a changé sur Facebook, sournoisement, insidieusement, vicieusement. Les camps se sont fracturés, les opinions

se sont scindées. Des amitiés s'y sont fracassées, d'autres sont nées.
Oui, quelque chose a violemment changé à partir de mars 2020. Même si, pour la France, les Gilets jaunes ont commencé à diviser. Les Pour, les Contre, les indifférents.

Mais Mars 2020 a fait basculer notre monde réel et notre monde virtuel dans une spirale infernale. Le vertige s'est emparé des plus doux quand les plus lucides ont ralenti la machine pour tenter d'y comprendre quelque chose.

Pour ma part, j'ai participé à mon humble place à des tentatives, parfois désespérées, souvent drôles et décalées je l'espère, à ce que des yeux s'ouvrent, des cerveaux tournent à plein régime et des rires explosent.
En parlant cet été avec un ami proche de ces 4 années passées, l'idée m'est venue, saugrenue, de compiler tous mes posts depuis le 15 mars 2020, jour du premier tour des élections municipales jusqu'au dernier paru, jour de l'élection de Donald Trump. (Oui, j'étais certaine que Trump allait gagner l'élection américaine et non, je n'ai pas les chiffres du tirage du prochain loto national).
Entre la fin d'un monde et le début, peut-être, d'un nouveau. Comme un hommage à Platon et au mythe de la caverne…

J'ai relu toutes les lignes, tous les commentaires. Souvent amicaux, quelques fois violents, insultants même au plus fort de la campagne de vaccination Covid en 2021. C'est quand même parti dans tous les sens !

J'ai voulu montrer une partie de notre monde, notre évolution à tous, nos essais parfois vains de rester unis, bons, bienveillants, gentils, malgré l'agressivité ambiante.

J'ai réalisé que des personnes que je connais bien et avec qui je n'ai jamais eu la moindre anicroche se sont désabonnées de mon compte, sans même m'en avertir. Quelle brutalité, n'est-ce pas ? Quelle lâcheté aussi.
Pour ma part, j'ai retiré certaines personnes, en prévenant toujours. Mais comme dit le personnage de Françoise Fabian dans le film *La bonne année*, « personne n'y croit, aux préavis ».
J'ai retiré des gens parce qu'ils étaient injurieux, ou très cons, ou intellectuellement malhonnêtes. Envahissants parfois. Il faut savoir se protéger et dire au revoir.
J'en ai accueilli de nouveaux, sympathiques, calmes, ouverts à la discussion.

Dans ce recueil, j'ai laissé quelques commentaires, sans nom de famille pour ne pas gêner. Mais certains s'y reconnaîtront.

Je me suis bien amusée à tout relire. J'espère qu'il en sera de même pour vous. Relire des points de vue sur ces 4 dernières années, folles, complètement folles, se veut comme un panorama subjectif de l'évolution de notre société et de notre si beau petit pays. Pays tellement abîmé et en totale décadence.

Je sais, je sais : beaucoup ne veulent plus entendre parler de ces années-là. Pour de multiples raisons. Ils ont tort. Bien tort. Car nous sommes très très nombreux à ne pas vouloir mettre sous les tapis les humiliations, les interdictions, la souffrance, la solitude. Il ne manquerait plus que ça, faire semblant que rien n'a existé. Tout a existé :
-Les confinements,
-Les couvre-feux,
-Les masques,
-Les injections,
-Les vieux achevés au Rivotril dans les Ephads,
-Les malades isolés à l'hôpital,
-Les enterrements en tout petit comité,
-Les tests PCR,
-Les visites interdites à l'hôpital ou au centre de rééducation,
-Mamie et Papy dans la cuisine à Noël,
-Des amis qui en ont traité d'autres d'assassins en puissance,
-Les soignants suspendus sans aucun statut ni revenu,
-Les mensonges d'État,

-La calomnie,
-La peur,
-Les cafés assis, non debout, finalement couchés,
-Des artistes (des noms? Patrick Bruel, Karine Viard, Bernard Lavilliers, Didier Bourdon, j'en passe et des pires) qualifiant leur public de « connards »,
-Un président de la République ayant très envie d'emmerder les non-vaccinés ».
Etc.
Tout ça est bien réel, même si c'est sur un réseau virtuel que nous en avons parlé ensemble.
Moi, je ne veux rien oublier. Ni rien pardonner à ceux qui m'ont offensée… Mais j'avance. Je fouille. Je comprends. Et je me balade, libre.

À partir de 2025, je me contenterai d'écrire sur mes voyages, le street art, l'écriture et le padel. À moins que l'actualité soit trop forte et crie à mon oreille :
« Allez K., fais nous rire encore une fois. Fais-nous réagir ! »

Bonne lecture, bonne balade au creux de ces années folles.

Christine

2020
L'année de la sidération

Le contexte :

Nous sommes le dimanche du 1er tour des élections municipales. On sait déjà que nous serons confinés le mardi suivant à partir de midi.
Confinés?
C'est la première fois dans l'histoire contemporaine que ce mot va être autant utilisé.
On ne comprend pas bien ce qui est en train de nous tomber sur le coin du bec. Il y a ceux qui vont applaudir les soignants à leur fenêtre à 20h, ceux qui vont en profiter pour dormir et récupérer, ceux qui vont stresser, ceux qui vont avoir une trouille bleu du virus.
Nous voilà partis pour 7 semaines d'enfermement, d'auto-attestions complètement débiles et de solitude pour beaucoup.
Nous restent la lecture, Netflix et les réseaux sociaux. Où nous nous en donnons à coeur joie…

15 mars 2020
On choisit quelle chanson si on est confinés ?
On ouvre la fenêtre et on chante tous ensemble... Comme en Italie…
Mais quelle chanson ?
Foule sentimentale ?

45 commentaires dont :

Dominique G. : Il faut trouver une chanson gaie et entraînante…
Ah ça ira, ça ira ça ira!!!
CFK : Les aristocrates, on les pendra?
Sandrine B. : La Marseillaise?
Joëlle G.: oui, plutôt une chanson gaie et entraînante pour inciter les voisins à se joindre à nous ! Santiango, d'Hugues Auffray.
Stéphanie S.: La Marseillaise pour commencer et se chauffer la voix. Et ensuite, Allumer le feu !
Virginie M.-C. : Le pouvoir des fleurs de Voulzy.
Corinne T.-M. : Les copains d'abord. Hymne universel des + de 50 ans !
Philippe G.: Laissez-moi danser !
CFK.: Mais les boîtes sont fermées !

16 mars 2020

On a demandé à nos aïeux d'aller faire la guerre.
À nous, on nous demande de regarder des séries sur notre canapé.
On devrait y arriver, non?

32 commentaires dont :
Silvia P-G : je suis prête !
Joëlle C.: J'aimerais bien mais moi on me demande de continuer à bosser...
Marjory M.: mais personne ne bosse ou quoi?
Daniel V.: si le réseau Internet tient le coup...
Sylvie N-Q.: La vie buissonnière. Le premier jour sans école, sans boulot, sans voiture, sans personne. Eviter les autres pour démontrer qu'on les aime, seul face à soi-même. Pensées, silences, bisous envolés. (…) C'est la prison, d'une survie obligée, ce qui fait toute la différence. (…) Renaissons du chaos providentiel, plus rien ne sera comme avant !

Le contexte :
Un post de Philippe Pujol sur la tenue du second tour des élections municipales

17 mars 2020
Confinement pour se protéger et protéger les autres. Notre vie est un peu entre parenthèses. Enfin on peut continuer de s'aimer, de lire, d'écrire, de regarder de séries et de manger des chips. Le reste, c'est indécent, non?

Philippe Pujol (**1**)

« La priorité n'est pas au second tour des élections municipales Alors que le confinement s'installe, que plusieurs candidats s'avèrent porteurs du coronavirus, le sujet des élections municipales ne peut être que mis entre parenthèses. Le dépôt des listes en vue du second tour devra être effectué pour la fin mai (date exacte à venir ce mercredi). Il y a du temps pour bien faire les choses.
En attendant, toutes les annonces d'alliances, de retraits ou de fusions n'ont que très peu de valeur, pas plus par communiqué de presse que par les on-dit.
Il faut garder son sang-froid. Je souhaite un prompt rétablissement à l'ensemble des candidats, militants et assesseurs porteurs du coronavirus et plus largement à toutes et à tous.

<u>18 mars 2020</u>

J'aurais aimé être aussi prévoyante que tous ces Parisiens qui, tous les étés se plaignent des coqs et des cloches des églises, et qui, malgré ces contraintes phénoménales, se sont précipités dans leur maison de campagne ou chez leurs parents en province, histoire de bien déplacer ce putain de virus.
Etre confinée sur les plages de Faro... Pas mal, comme façon de faire la guerre..
Non, en fait, Je n'aurais pas aimé avoir cette mentalité. Ma gueule et les autres ne comptent pas. Quelle horreur. Il faut pouvoir vivre avec ça? Apparement, certains y arrivent très bien. Je suis même certaine qu'ils ne voient pas du tout où est le problème.
Entre ces gens qui dimanche se prélassaient, entassés, sur les bords de la Seine, et les autres qui, à Marseille, continuaient dans les bureaux de vote de serrer des paluches, de s'embrasser, de distribuer des petits bonbons et de faire des selfies, je ne vois aucune différence.
Ah si, une quand même, et en fait elle est de taille : certains sont des responsables politiques.
Permettez-moi d'écrire aujourd'hui que ces gens sont à vomir. Tous autant qu'ils sont. Certains ont écrit des tweets ou ont commenté auprès des médias:
-Non mais ça va, je lis, dans ma chambre de l'IHU (à Marseille).

Tranquillou bilou.
Je n'en reviens pas.
Pas un journaliste, ou alors j'ai loupé une info, ne s'est ému du sort des SDF. Eux, ils se confinent comment?
Pas un journaliste ne s'est ému du sort des milliers de relogés à Marseille qui sont dans des hôtels. Comment vont-ils se nourrir, ces gens-là?
Si certains l'ont fait, mea culpa.
Pas un politique, à l'exception d'un, ai-je besoin de le nommer, ne s'est ému de ça...
Si d'autres l'ont fait, mea culpa.
Le maire de Marseille a-t-il parlé aux Marseillais?
Non.
Il est où le premier magistrat de la Ville?
ils sont où, les élus de cette ville?
La Ville de Marseille a-t-elle préparé un plan communal de sauvegarde à la hauteur des enjeux?
Non, et c'est pas faute qu'un certain darling husband ait tenté en vain d'alerter. Depuis des années.
On a préféré l'emmerder. C'est plus marrant, en fait.
Pendant ce temps-là, une partie de la gauche marseillaise fait des alliances. C'est bien le moment, oui.
Des fraudes ont eu lieu dans tous les arrondissements de la ville dimanche. Qui les a dénoncées? Peu de courageux, qui sans

doute devront continuer de subir les menaces, les placardisations, ou la soumission.
A moins d'un réveil collectif? Je rêve, sans doute.
Cette ville part en biberines. Quelques-uns tentent de sauver ce qu'il y a à sauver. Leur gamelle.
Leur conscience, ils s'en tapent, mais à un point, vous ne pouvez même pas imaginer.
J'espère cependant que nous serons nombreux, et je ne parle pas ici de vote mais de prise de conscience, à avoir du courage.
Restez chez vous, lisez, informez-vous, réfléchissez.
Finalement, ces 40 minutes de sport à domicile m'ont fait du bien.

50 commentaires dont (mon premier « Facho »!)
Pierre-André M.: D'accord avec vous à part le couplet à la mode sur les vilains Parisiens qui ont fui. Ça, c'est juste facho.
Michel R.: Quand le vis-à-vis sur-réagit, c'est bien souvent qu'il a été touché sur un point sensible. Tu as visé juste…
CFK:
Pierre-André M., je vais reformuler. J'ai écrit les connards de Parisiens. Sans évidemment penser à vos enfants. Je ne les connais pas et je ne vous connais pas.
J'ajoute les connards de Marseillais qui ont passé leur dimanche après-midi dans les parcs ou sur les plages serrés comme des anchois. Et qui depuis hier matin se précipitent dans les Alpes.

Ou les connards de Bretons qui ont choisi leur résidence secondaire dans le golf du Morbihan. Etc. Et qui risquent d'apporter cette saloperie de virus.
Je ne change pas un mot de ce que j'ai écrit dans mon premier post.
Pas un. Que ça plaise ou que ça déplaise.

Dominique A-L.: Entièrement d'accord avec vous. Même le couplet des parigots, sans être facho. Je partage pour que certains de mes amis puissent vous lire. Merci.

Jean-François K.:
Anne Hidalgo a fait une déclaration, pour se soucier des sans-abris.
Christine F-k
Mais Anne hidalgo doit faire un peu plus que se soucier, non?

Maurice B. : Deux remarques.. La première, j'ai eu la même idée que vous... j'espère que tous ses "aisés" qui peuvent se réfugier dans leur résidence secondaire foutront la paix au "coq Maurice" (je ne suis pour rien dans le choix du nom du coq) et aux grenouilles et autres crapauds. J'ai également pensé à la Peste de 1720 à Marseille où les aristos et bourgeois ont fui la ville pour

leur bastide provençale, laissant les marseillais pauvres se débrouiller avec l'épidémie.
La second est que je vous trouve un peu sévère à l'égard de mes anciens consoeurs et confrères car j'ai lu et vu des reportages sur la situation des SDF. Comme j'ai lu un article sur la grève des salariés d'une entreprise de nettoyage à l'hôpital de Nantes qui manquaient de tout pour se protéger et bien faire leur boulot.
Christine F-k
Merci Maurice. J'espère que vous allez bien. Lisez un article de l'observateur sur Belle-île. Incroyable. Pour nos confrères et camarades, Je ne suis pas sévère. Je sais qu'hélas même le meilleur des articles disparaît le jour d'après, en général. voilà pourquoi je les supplie, je nous supplie, de ne pas abandonner sous prétexte du travail bien accompli. Et je me mets dedans…

Le contexte :

J'aime bien rire. De moi et des autres. Surtout des autres. Encore plus des puissants.
J'aime bien réfléchir aussi.
L'article au vitriol publié dans Marianne par Diane Ducret sur Leïla Slimani et sa vision fééeriquement campagnard du confinement me fait toujours autant rire et réfléchir, plus de 4 ans après! Je vous l'offre !

19 mars 2020

Mon amie Lina m'a envoyé ce message vocal: dans ces temps bizarres, les gens vont devenir plus extraordinaires... Ou plus cons!
Choisis ton camp, camarade confiné.

"Journal du confinement" : la vie un peu trop rose de Leïla Slimani
Par Diane Ducret (**2**)

« La romancière et essayiste Diane Ducret réagit dans "Marianne" à la série angélique et déformante de Leïla Slimani dans "le Monde" sur l'expérience du confinement lié au coronavirus. Elle lui oppose un autre récit, moins rose et romantique. Celui

des vieux, des petits salaires, des pauvres, des éclopés. Ceux qui n'ont pas de vie de secours.

Je pourrais vous dire que depuis ma fenêtre, Paris n'a jamais été si belle depuis que les hommes l'ont désertée. Que j'ai regardé l'aube se lever sur les immeubles, que j'ai vu les cerisiers japonais fleurir, que cela sentait bon le printemps. Que les mouettes appelant le touriste sur l'île Saint-Louis au loin m'ont fait penser aux vacances d'été à Belle-île-en-mer. Qu'en préparant mon café, j'ai songé à la Joconde prisonnière du Louvre, esseulée elle aussi, se languissant des regards émerveillés posés sur elle, au Baiser de Rodin, à ces amants de marbre que personne ne photographie plus.

Au foyer de l'Opéra de Paris, qui se demande où ses danseurs prodigieux ont bien pu passer depuis qu'ils l'ont quitté. Aux cygnes du jardin du Luxembourg qui s'en veulent d'avoir voulu mordre les enfants qui approchaient leurs doigts d'un peu trop près. A ces livres de la bibliothèque Sainte-Catherine, qui soupirent d'ennui à présent qu'aucun doigt humide ne vient tourner leurs pages. Je pourrais vous dire que malgré la peur, je ne me sens pas seule car je suis entourée de ces trésors iconiques, et que, décidée à vivre ce confinement comme dans un roman, enivrée par les premières senteurs du printemps, et ouvert la fenêtre et mis la vie en rose... Mais je ne suis pas Leïla Slimani.

LA DERNIÈRE CUITE ET UN SUICIDE

Résumons. Samedi dernier je regardais Edouard Philippe annoncer la fermeture des bars, cafés et restaurants pour le soir même, à minuit. Dans le bar en bas de chez moi, la fête battait son plein. La dernière cuite avant la fin du monde venait de commencer. Les fêtes de Bayonne et le premier de l'an réunis en un samedi soir apocalyptique. On se prend par le cou, on s'embrasse. Tout le monde s'est transformé en Cendrillon d'un soir, craignant de voir minuit sonner et que le bar ne se change en citrouille. Une musique assourdissante fait trembler la fenêtre de mon deux pièces au 5ème étage, d'où mon voisin de palier, âgé de 80 ans, s'est suicidé quelques jours plus tôt, apprenant que la propriétaire du misérable studio qu'il louait depuis vingt ans voulait vendre l'appartement. Gentrification et loi du marché font bon ménage quand il s'agit de passer un coup de balai sur les vieux, les pauvres, les éclopés.

Dimanche, enfermée chez moi depuis déjà deux jours, j'ai vu les images de parisiens prenant des bains de soleil sur les quais de Seine, dans les parcs, comme des amnésiques joyeux. L'homo sapiens latin n'aime assurément pas obéir, tout impératif lui est insupportable. Sans doute les français sont-ils trop existentialistes, « l'existence précède le bon sens ».

PUNITION COSMIQUE

Lundi soir, fidèle au poste sur mon canapé, j'ai vu le Président annoncer la mise en quarantaine de la population pour le lendemain à midi. Quand on vit seule, dans un appartement aux dimensions modestes, et que l'on est loin de chez soi, ces mots vous pètent les tympans comme une déflagration. C'était comme si après une année de gilets jaunes et un hiver du mécontentement sur la réforme des retraites les français étaient punis d'avoir manifesté trop longtemps. Nous recevons une punition cosmique nous clouant à la maison comme dans une fable de Lafontaine « Vous avez défilé tout l'été, eh bien confinez-vous, maintenant ! ».

Le lendemain matin, j'ai fait la queue pour accéder à un supermarché. La bise était venue, pas un seul petit morceau de mouche ou de vermisseau dans les rayons. Je ne savais pas quoi acheter, j'avais peur, j'aurais voulu pouvoir rentrer chez mes parents, qu'on me dise que tout irait bien.

DE DEUX MAUX LEQUEL CHOISIR ?

Mais je n'ai qu'une grand-mère, en province. Elle a 88 ans, une santé de fer, s'enorgueillit-elle toujours, mais jusqu'à quand ? Son aide à domicile est confinée, comment pourra-t-elle se faire à manger ? Aller la retrouver pour veiller sur elle et risquer de l'infecter si je suis porteuse du virus, rester ici et la laisser dépérir seule, de deux maux lequel choisir ?

J'ai vu aux informations de 13H, des Parisiens quitter Paris pour leurs maisons de campagnes, leur résidence secondaire. De préférence au bord de la mer. Les célibataires, les petits salaires, les banlieusards, les sans-famille, les gens en somme, nous n'avons nulle part où aller. Nous n'avons pas de vie de secours.

CEUX QUI N'ONT DE VIE DE SECOURS
Pendant ce temps, dans un univers parallèle ordonné par les frères Grimm, Leïla Slimani nous livre son journal de confinement dans Le Monde. Depuis sa maison de campagne à colombages, dans laquelle, nous précise-t-elle, elle passe habituellement tous ces week-ends. Face aux collines que l'aube vient colorer, son camélia est en fleurs et le tilleul bourgeonne, comme c'est charmant. Avec son mari et ses enfants, ils jouent à « dessine-moi un coronavirus ». Les bambins dessinent un monstre, mais un monstre gentil, puisqu'il leur offre des vacances.

Pour Leïla Slimani, le coronavirus, c'est un peu La Belle au bois dormant (sic). Son journal de bord emploi la sémantique du conte, tout y est, les monstres et la bonne fée, la campagne en-

chanteresse. On met en scène l'enfant qui demande si la terre se venge car « la planète est fatiguée ? ». On en appelle la bonne conscience écologique du lecteur tandis que l'on cravache sa mauvaise conscience chrétienne.

LA QUARANTAINE, UNE AUBAINE...

Pour elle, une quarantaine, c'est « une aubaine ». Du temps pour soi, pour écrire et lire, se retrouver. Dans des centaines de chambres s'écrivent les nouveaux Goncourt, nous rassure-t-elle. C'est affreux ce qui se passe, la misère c'est horrible, surtout de loin, « ça ressemble aux histoires qu'on invente à Hollywood, aux films qu'on regarde en se serrant contre son amoureux en se cachant dans son cou quand on a trop peur ». Où l'expérience du confinement entre le conte de fée et le teen movie.

A tout le moins, nous ne vivons pas la même expérience. Si pour Leïla Slimani, le confinement est tel un conte de fée, je me sens plutôt dans un roman picaresque. Je suis le picaro, de rang social peu élevé, sans honneur ou marginal, aspirant à la liberté et espérant trouver sa survie en faisant preuve de débrouillardise.

MARIE-ANTOINETTE JOUANT À LA FERMIÈRE

En découvrant ses mots, je m'en suis voulue de songer que Marie-Antoinette jouant à la fermière à Trianon n'aurait pu être plus éloignée de la peur, l'angoisse du peuple. Une crise sani-

taire agit comme un révélateur d'inégalités sociales. De notre devise "liberté égalité fraternité" dont nous sommes si fiers, que reste-t-il lorsque nous sommes attaqués ? Sitôt que notre chère, si chère liberté est remise en cause, l'égalité se montre un idéal et non une réalité.

Nos élites intellectuelles me semblent parfois hors sol, comme si la révolution française n'a pas eu lieu dans tous les domaines, et que seule une certaine classe sociale était autorisée à exprimer le goût de l'époque. Hélas, les écrivains, penseurs et artistes ne se cantonnent pas nécessairement à trois arrondissements bourgeois du centre de Paris, je regrette que Le Monde l'ait oublié.

Depuis ma fenêtre, on ne voit pas le ciel. L'immeuble d'en face est sale, les rues vides me filent des angoisses cafardeuses. Se faire décaniller par un virus dans ma trentaine, mourir seule, peut-être, dans un deux-pièces, ne me tente que très moyennement. Cela aurait été moins vendeur que les collines dorées et les camélias de Leïla Slimani, mais cela aurait été sans doute plus représentatif de ce que nous vivons.

CENDRILLON VEUT DANSER TOUTE LA NUIT
Au beau milieu d'une ère faite d'images et de superficialité, j'ai le sentiment d'avoir basculé dans l'ère de l'invisible. La menace est partout, en nous, un virus comme une idéologie terroriste se

répandent à bas bruit et contaminent les corps et les esprits. Ils peuvent frapper à tout moment. Ma génération n'a jamais été confrontée à la guerre ni à la famine, la société de consommation a rendu floues les lignes entre nos besoins et nos désirs. Et pourtant, comme je me sens démunie face à ce changement de paradigme.

Nous ne voulons pas que la fête s'arrête, nous voulons être divertis, Cendrillon veut danser toute la nuit, et dans des pompes de marque. Nous n'avons jamais eu à retarder nos envies, à délayer nos besoins, et cet apprentissage nous est douloureux.

Résister, c'est moins grandiloquent et romanesque qu'on le souhaiterait. C'est fait d'égoïsme, d'ennui, d'énervement, de réveils nocturnes, mais on tient, presque malgré soi. Le seul ennemi d'un confinement, le temps. Sitôt qu'on sait l'apprivoiser, on ne craint plus grand-chose.

Le contexte :

Voilà, Didier Raoult entre dans le viseur. On ne comprendra que plus tard la raison principale : pour « vendre » un vaccin, il est nécessaire qu'aucun traitement n'existe. Or, le Professeur Raoult a trouvé un traitement. Et pire, il a trouvé avec ses équipes un traitement qui coûte nibe. Rien. Nada. Ça ne rapporte rien aux laboratoires pharmaceutiques, l'hydroxyclhroquine… Dans Marcelle le Média, l'article d'Hervé Vaudoit éclaire sur la personnalité et le parcours de Didier Raoult.

20 mars 2020

Peut-être changerons-nous de modèle économique après cette crise sanitaire?..

Le problème de Didier Raoult est sans doute d'avoir eu raison trop tôt. Et contre les intérêts de certains.

En France, on n'aime pas les gens qui sortent des clous.

Eh bien heureusement qu'on en a, des pionniers comme lui.

J'ai souvenir qu'il y a 25 ans environ, nous étions une bande de copains sortant de l'École de journalisme.

On avait monté un projet de magazine avec Raoult : ça s'appelait *Caducées*. On avait rencontré des investisseurs. Tous nous avaient répondu: si votre premier numéro fonctionne, on monte dans le train avec vous et on investit.

Comme aucun d'entre nous n'était héritier, et sans un sous dans les poches pour la plupart, ben le train n'a jamais quitté la gare et le magazine est tombé à l'eau.
Raoult avait été à nos côtés alors. Quelle fierté d'avoir croisé la route de ce grand monsieur !

Marcelle le média article d'Hervé Vaudoit (**3**)

« Covid-19 oblige, l'infectiologue Didier Raoult est au centre de toutes les conversations en France et dans le monde. Je fais partie des rares journalistes qui le connaissent bien et suivent son parcours (j'ai même écrit un livre sur son hôpital et les recherches sur les maladies infectieuses*). Portrait d'un médecin aussi génial qu'original.

Avec sa crinière blanche, sa barbe broussailleuse et ses chemises improbables dissimulées sous son éternelle blouse blanche, le professeur Didier Raoult n'a pas franchement la tête de l'emploi. Sous ses airs de troubadour revenu de Woodstock en combi Volkswagen, se cache pourtant l'un des tout meilleurs scientifiques français et l'un des chercheurs les plus cités au monde. Las ! La piste thérapeutique qu'il a présentée pour combattre le Covid 19 a été qualifiée de « fake news » sur le site du ministère de la Santé il y a 3 semaines. Mais le ton du gouver-

nement et de la communauté scientifique est en train de changer !

L'IHU Méditerranée Infection : une équipe de chercheurs d'envergure mondiale !

Même s'ils collectionnent découvertes, récompenses et publications prestigieuses depuis plus de 30 ans, Didier Raoult et son équipe ont parfois du mal à être pris au sérieux en haut lieu. Mais son âpreté au combat lui permet souvent de rafler la mise au nez et à la barbe de ses détracteurs. L'épidémie de coronavirus en sera-t-elle une nouvelle illustration ?

Révélé au grand public par ses chroniques dans « Le Point » et quelques livres à succès (1), le professeur Didier Raoult est avant tout un infectiologue et un virologue de réputation internationale. Sa carrière hors-normes, il l'a d'abord construite sur la recherche, avec à son crédit quelques découvertes majeures comme les virus géants (mimivirus, marseillevirus…), l'identification de plus d'une centaine de nouvelles bactéries pathogènes ou la mise en évidence du rôle de certains micro-organismes dans des maladies comme la fièvre Q, la maladie de Whiple, les endocardites ou les lymphomes non hodgkiniens. Mais Didier Raoult, c'est aussi et surtout un leader, un chef d'équipe – un *chef de bande disent même certains de ses proches -, avec autour de lui une cohorte de scientifiques de très haut niveau qu'il a commencé à rassembler il y a plus de 35 ans et qui lui sont depuis restés fidèles. À ce noyau dur des débuts, il a toujours su rajouter de nouveaux talents, repérés au fil du temps parmi les étudiants qui se pressaient à ses cours et dans ses labos de la faculté de médecine de La Timone. Une réussite d'autant plus extraordinaire qu'elle ne s'est pas jouée à Paris, Washington, Londres ou Shanghai, mais bien à Marseille, où les équipes de chercheurs de niveau mondial ne sont tout de même pas légion.*

Un parcours hors norme !

Né au Sénégal il y a 68 ans d'une mère infirmière et d'un père médecin militaire, Didier Raoult est devenu médecin plus par devoir que par passion. Débarqué à Marseille à l'âge de 10 ans, il en partira à 18 ans pour s'embarquer comme matelot sur un navire marchand, persuadé que son destin aurait le goût salé des aventures maritimes. Le temps de s'apercevoir que le travail en équipage gonfle les biceps mais nourrit peu l'esprit, et le voilà de retour sur le Vieux-Port, la tête et l'ambition en berne. Son père, qui avait déjà conditionné son autorisation d'embarquer à l'obtention préalable du baccalauréat, lui met alors le marché en mains : c'est médecine ou rien. « J'avais un bac littéraire.

Aujourd'hui, je ne pourrais même pas rentrer en fac de médecine avec », s'amuse-t-il aujourd'hui. Une fois dans la place, le jeune Raoult se passionne. Et développe, au fil de ses études, un goût prononcé pour la recherche et pour les maladies infectieuses et tropicales, qu'il découvre à la fac puis durant son service militaire à Tahiti. Son premier labo de recherche, il le crée en 1984 après un premier exploit : la mise au point d'une procédure de mise en culture des bactéries très rapide et efficace. C'est avec cette « unité des rickettsies » qu'il commence à constituer son équipe. Michel Drancourt et Philippe Brouqui le rejoignent dès cette époque. Suivront Philippe Parola, Bernard La Scola, Jean-Marc Rolain, Pierre-Edouard Fournier, tous devenus professeurs et tous investis dans le grand œuvre de Didier Raoult : l'Institut hospitalo-universitaire (IHU) Méditerranée Infection, un des six IHU créés ces dix dernières années, aujourd'hui en pointe dans de très nombreux domaines de recherche. Dont, bien sûr, le coronavirus, avec les espoirs de traitement efficace nés des travaux des scientifiques chinois et de l'équipe de l'IHU marseillais.

À la tête d'un des 6 IHU créés en France !

Pour en arriver là, Raoult n'a jamais cessé de se battre. Primo parce qu'il aime ça. L'affrontement, la confrontation, la contro-

verse... sont pour lui des contextes stimulants. Son talent, ses connaissances et sa capacité à faire travailler les gens ensemble lui ont souvent permis de triompher. Et la carapace qu'il s'est fabriquée au fil du temps l'a toujours protégé des critiques et des mises en cause. « Il a un niveau d'estime de soi très élevé et très stable », confie un de ses proches pour situer le personnage, souvent décrit comme arrogant, cassant, voire méprisant par ses détracteurs. Il est vrai que pas grand monde ne l'impressionne et qu'il ne prend guère de précautions pour dire ce qu'il pense des uns et des autres, surtout de celles et ceux qui disposent d'un pouvoir que lui juge exorbitant ou illégitime. Son IHU à peine inauguré, il s'est ainsi affronté à Yves Lévy, alors patron de l'Inserm (2), qui est aussi l'époux de la ministre de la Santé de l'époque, Agnès Buzyn. Résultat : même s'il s'agit d'un des pôles de recherche les plus prolifiques du pays, Méditerranée Infection n'a pas le label Inserm. Pas plus qu'il n'a celui du CNRS (3), peu ou prou pour les mêmes raisons. Ce qui ne l'empêche pas de produire toujours de la bonne science. Et de donner ainsi des aigreurs d'estomac à tous ceux qui aimeraient le voir trébucher, à Paris mais aussi à Marseille, où son insolente réussite a toujours attisé les jalousies et entretenu les querelles de palais parmi les mandarins qui n'avaient ni son talent, ni ses capacités fédératrices, mais auraient adoré avoir ses moyens.

Une crédibilité internationale ...

Didier Raoult s'est appuyé sur les travaux d'un de ses confrères chinois pour mettre au point un traitement qui a guéri la grande majorité des patients à qui il a été administré. Abonné aux revues scientifiques à comité de lecture les plus prestigieuses comme Nature ou Science, il y signe ou cosigne une centaine d'articles chaque année et figure ainsi systématiquement dans le trio de tête des chercheurs hexagonaux en termes de production scientifique. Sauf que son look, son franc-parler et son identité marseillaise l'ont toujours desservi. Lui s'en fiche comme d'une guigne. Car, quel que soit le sujet, les faits finissent souvent par lui donner raison, alors même que ses déclarations sont immédiatement battues en brèche par des armées de pseudo-experts. Qui ont peut-être du mal à admettre que des Marseillais puissent figurer parmi les meilleurs spécialistes mondiaux de l'infection.

Mal aimé en France

On l'a encore constaté fin février, lorsque Didier Raoult a présenté la chloroquine comme un traitement potentiellement efficace contre le coronavirus. Utilisée depuis le milieu du XXe siècle dans le traitement du paludisme, cette molécule très bon marché pouvait-elle être une arme décisive contre une nouvelle maladie virale ? « Certainement pas ! », ont affirmé en chœur tout une cohorte de médecins et experts autoproclamés à la ra-

dio et sur les plateaux de télévision. À commencer par le ministère de la Santé lui-même, qui a accolé l'étiquette « fake news » sur les annonces de Didier Raoult plus d'une journée durant, parce qu'un journaliste d'un grand quotidien national les avait qualifiées de la sorte. Trois semaines plus tard, patatras ! À accorder plus de valeur aux propos échangés devant les caméras qu'à l'analyse de l'un des infectiologues les plus réputés de la planète, le ministère de la Santé s'est littéralement pris les pieds dans le tapis. Tout comme le directeur général de l'assistance publique hôpitaux de Paris (APHP), qui n'avait pas de mots assez durs contre Didier Raoult fin février au micro des chaînes d'information en continu.

Une parade face au Covid 19 ?

Aujourd'hui, la prudence reste de mise en haut lieu, mais on se garde bien de formuler les mêmes commentaires méprisants. « Ce que je disais à ce moment-là n'a pas germé spontanément dans ma tête, sourit Didier Raoult. Cela s'appuyait sur deux choses : d'une part ma propre expérience, puisqu'ici, à Marseille, nous utilisons l'hydrxychloroquine dans le traitement des infections bactériennes depuis plus de 25 ans. D'autre part les travaux du professeur Zhong Nanshan, un de mes plus brillants confrères chinois, qui a évoqué l'efficacité de la chloroquine dans une conférence de presse le 17 février. » Sauf que, selon Raoult, « à Paris, ils ont beaucoup de mal à admettre que la France ne soit plus le phare de la science mondiale et que les chercheurs plus performants aujourd'hui, c'est en Asie du sud-est qu'on les trouve et plus en Occident. » Les déclarations de l'infectiologue chinois n'ont d'ailleurs pas été relayées en France.

Un essai clinique plus tard, les résultats obtenus à l'IHU Méditerranée Infection recoupent ceux de Zhong Nanshan, confirmant ainsi l'efficacité de la chloroquine dans le traitement du coronavirus. Mieux : associée à un vieil antibiotique, l'azythromycine, la non moins vieille chloroquine a débarrassé du coronavirus plus 90% des personnes porteuses incluses dans l'essai clinique marseillaise. « Et cette combinaison des deux molécules, c'est nous qui l'avons inventée ! », souligne Didier Raoult, prêt à traiter tous les patients qu'on lui amènera pour finir de démontrer l'intérêt de ce cocktail médicamenteux.

Pourquoi a-t-il fallu en arriver là pour que cessent les critiques et que les autorités françaises considèrent enfin que ses déclarations avaient du sens ?

Guerre de positions

« Le problème, indique l'infectiologue, c'est qu'intellectuellement, ils ont du mal à admettre qu'une nouvelle maladie, un nouveau virus, puissent être traités efficacement par des molécules anciennes qui ne coûtent rien, et pas par une nouvelle prouesse de la recherche pharmaceutique, très chère et très compliquée à industrialiser. »

Raoult sait de quoi il parle. Depuis des années, il plaide pour une révision des modèles économiques de la santé, afin que l'ensemble des molécules existantes, créées pour la plupart au XXe siècle, soient considérées comme un patrimoine au service de l'humanité. « Ce n'est pas le cas aujourd'hui, se désole-t-il, car on abandonne les médicaments qui ne rapportent rien, même s'ils sont efficaces. C'est comme ça que plus aucun antibiotique n'est fabriqué en Occident et que nous avons régulièrement des pénuries sur des molécules très importantes, comme récemment la doxycycline, indisponible pendant 6 mois alors que nous en avons besoin au quotidien pour soigner les gens. »

La question reste entière avec le coronavirus : si l'efficacité de la combinaison chloroquine/azythromycine se confirme, on pourra guérir tout le monde mais cela ne rapportera d'argent à personne. Un problème, vraiment ? ♦

*IHU Méditerranée Infection – Le défi de la recherche et de la médecine intégrée. Ed Michel Lafon 2018.

Bonus

- *Didier Raoult dans le comité scientifique de crise – Créé le 11 mars dernier sur volonté du président de la République, un comité scientifique composé de 11 experts, chercheurs et professionnels de santé a été mis sur pied. Sa mission, expliquait un communiqué du ministère des Solidarités et de la Santé, est « d'éclairer la décision publique dans la gestion de la situation sanitaire liée au coronavirus ». Le comité, présidé par le Pr. Jean-François Delfraissy (immunologiste et président du Comité consultatif national d'éthique), est composé au total de 11 experts, médecins et chercheurs.Les membres du comité qu'il dirige sont majoritairement des experts en épidémiologie et en infectiologie. Ils « ont été choisis pour leur expertise reconnue sur le sujet, dans une approche multidisciplinaire ». Denis Malvy est spécialiste des maladies tropicales à Bordeaux, Didier Raoult a mené le premier test clinique à l'hydroxychloroquine contre le coronavirus à Marseille et Yazdan Yazdanpanah est chef du service des maladies infectieuses et tro-*

picales à l'hôpital Bichat de Paris. Le comité comprend aussi le virologue Bruno Lina, directeur du Centre national de référence de la grippe à Lyon, l'épidémiologiste de l'Institut Pasteur Arnaud Fontanet, Lila Bouadma, médecin spécialisée en réanimation, et le médecin de ville Pierre-Louis Druais, fondateur du Collège de la médecine générale. Il y a aussi un épidémiologiste modélisateur, Simon Cauchemez. Enfin, deux chercheurs en sciences sociales viennent compléter cette équipe et lui apporter une touche « interdisciplinaire » : l'anthropologue Laetitia Atlani-Duault, qui a fait une thèse sur la prévention du VIH, et le sociologue Daniel Benamouzig, spécialisé en politique et économie de la santé.

- *Mini-interview – Sur la base des résultats obtenus auprès des patients inclus dans sa première étude clinique, Didier Raoult suggère que les autorités sanitaires changent de stratégie au profit d'un scénario « à la coréenne ».*

Qu'est-ce que la Corée-du-Sud a fait de différent par rapport à la France pour endiguer l'épidémie ?

Ils ont choisi de tester massivement leur population et de mettre à l'isolement uniquement les personnes porteuses du virus. Jusqu'à présent, cela leur a permis de maîtriser la progression du virus sans confiner tout le monde. Il faut rester prudent car nous n'avons pas beaucoup de recul, mais il est certain que tester comme ils l'ont fait, ça coûte in fine beaucoup moins cher que de mettre toute l'économie du pays à l'arrêt.

A-t-on la capacité technique de faire des tests massifs en France ?

Ce n'est pas un problème technique ni un problème médical. C'est seulement une question de choix stratégique et d'organisation. Si nous voulions, nous pourrions mettre en place des tests massifs assez rapidement.

Les traitements avec lesquels vous avez obtenu des résultats encourageants peuvent-ils être généralisés rapidement ?

Les deux molécules que nous utilisons sont connues, peu chères et faciles à produire. Sanofi a proposé 300 000 doses d'hydroxychloroquine (Plaquenil ou Nivaquine sont ses noms commerciaux, ndlr) aux autorités françaises pour ce traitement. D'autres essais conduits par d'autres équipes vont avoir lieu. Je suis assez confiant sur les résultats qu'elles obtiendront.

Beaucoup de commentaires dont :

Nath R.: Une sommité dans son domaine qui se fait massacrer dans les médias, et pourtant, les chinois se sont servis de ce produit pour enfin enrayer leur épidémie... Les américains traitent les cas les plus atteints avec ce produit... Mais derrière, y a du monde qui pousse pour avoir les lauriers et le pognon qui va avec... Sanofi offre 300000 doses d'hydrochloroquine gratuitement et la, t'as des médecins de partout qui disent "ah mais o' sait pas si c'est efficace vraiment, les essais cliniques n'ont pas été réalisés dans les règles" bla bla bla.... Dans mon métier on dit "à qui profite le crime"? Si vous avez quelque pognon, misez en bourse sur les labos qui montent... Vous avez un moyen de vous gaver. Raoult lui, il voit l'intérêt général... Et il soigne nos politiques sans même qu'ils aient de symptômes... Son essai clinique il est entrain de le faire à grande échelle chez nous, gageons que cela fasse taire les rageux.

Mathilde D. Excellent! Merci pour cet article et ton témoignage

24 mars 2020

Régulièrement on s'interroge. On doute. On se remet en question.
Il y en a qui viennent nous dire, mais est-ce un reproche ou de l'envie :
—Toi t'es très cérébrale.

Ben non.
Je m'interroge, c'est tout. Je doute. Sur les choix, le courage, mes lâchetés, mes fulgurances et mes trouilles.
Ces six derniers mois, j'ai fait pas mal de choix. Plus ou moins compris.
Je me refuse à poser le pour et le contre, de ces choix. C'est fait c'est fait!
Je sais ce que la route que j'ai prise m'a offert.
Je ne saurai jamais ce qu'il se serait passé si j'avais pris une autre route. Ou si j'étais restée à l'arrêt.
J'ai travaillé comme une dingue pour @brunogilles13 et c'est loin d'être fini. Travaillé dans une atmosphère chaleureuse, loyale, exigeante.
J'ai été accompagnée dans ce périple par Darling husband. Par ma belle enfant. Mes chers amis. J'ai reçu beaucoup d'encouragements sincères. Parfois inquiets.
J'ai rencontré @lina_deslandes qui m'offre chaque jour sa vitalité et bien plus encore, qui m'a guérie d'une vieille chose. J'es-

père offrir aussi un peu chaque jour. Et la guérir un peu, de ses vieilles blessures.
J'ai écrit tant et tant de discours, de notes, de communiqués.
J'ai calmé, écouté, parlé, ri, un peu pleuré sur le quai d'une gare.
Personne ne sait de quoi demain va être fait. Nous sommes tous égaux face à cet inconnu.
Il va nous falloir être très inventifs et globalement un peu moins cons qu'avant ce virus. Honnêtement quand on lit des posts d'anonymes ou de certains responsables politiques, on se dit que c'est loin d'être gagné.
Il en sortira de cette histoire virale, de la tragédie et du fantastique.
Du doute, des interrogations, faisons du sublime. C'est bien le moment d'avoir de l'ambition pour tout. Pour l'amour, pour la famille, pour l'écriture, pour la politique, pour l'affection, pour l'environnement, pour le quotidien.

24 commentaires dont :
Claude D.:
C'est bien d'espérer encore une fois, mais depuis les attentats du 13 novembre je n'y crois plus.
Sur le moment tu as un espoir de changement, mais tu vois très vite que le naturel revient très vite au galop....
c'est triste et malheureux, mais le virus de la connerie, l'égoïsme, etc.... est incurable...

Courage
Christine F-k
Disons que c'est peut-être le moment à chacun d'entre nous de faire des choix, c'est-à-dire de prendre le chemin qui nous convient, plutôt que de prendre des décisions... en fonction des autres, de la société vend e nos peurs. Vite sujet, nous avons 4 heures!
Hugues G.:
L'humanité a connu des crises plus graves et plus longues que celle que nous vivons. les grandes peurs font partie de notre histoire, celle ci s'additionner aux précédentes avec moins de victimes. Le sacrifice qui nous est demandé, le confinement, me semble dérisoire par rapport aux guerres, aux exodes, aux famines.
Nous avons du mal à sortir de nos habitudes de confort, certains y arrivent plus que d'autres, tant mieux.
Comme dans tout conflit nous avons trouvé nos héros, ils nous protégeront peut-être. Nous avons trouvé nos salauds, ceux qui ne respectent pas les nouvelles règles.
Dans ces moments chaotiques émerge un nouveau continent qui disparaîtra aussi vite qu'il est apparu.

26 mars 2020

Pour quoi
Ou
Pour qui
donneriez -vous un empire aujourd'hui ?
Pour voir quoi ce soir?
Pour être avec qui ce soir?
À vous lire ou à voir vos photos/ portraits.
Faites-nous rêver !

56 commentaires dont :
Anne-Marie V.:
Tu as de la chance : le Vieux Port fait partir de ton périmètre !!! Merci pour cette belle image qui fait un peu rêver!
CFK: oui mais hélas je n'en aperçois qu'un morceau. Je ne me plains pas! Mais je rêverais de passer une heure à regarder le soleil se coucher.
Carole: Pouvoir juste traverser le boulevard...
Bérengère M.: Pour revoir la plage de Maloudja à Moroni (grande Comore). Et avoir de nouveau 15 ans passer toute la journée dans les rouleaux chauds de l'Océan Indien et ne penser qu'à regarder les merveilleux poissons tropicaux passer entre mes jambes....
Christian D.: Prendre un café chez Rosati, piazza del popolo à Rome.

Christophe M.: Naviguer entre le frioul et la côte bleue toutes voiles dehors un verre de rose et bob Marley à fond
Marie-Christine T.: Chez Senequier à St-Tropez en buvant une coupe de champagne avec ma famille (sœurs neveux et nièces).
Silvie P-G.: Côte Amalfitana tous les 4 et quelques amis c'était trop bien !!!
Colette M. Pour importe où dans le monde mais un lever (selon fuseau horaire c'est peut être le soir à Marseille ..) ou un coucher de soleil c'est toujours un moment hors du temps mais pas seule..!

Le contexte :
Une vidéo-conférence sur Youtube de Lucile Cornet-Vernet - Les Maisons de l'Artemisia - "Une plante ancestrale contre le paludisme » (4)

28 mars 2020
Une plante pour soigner une maladie grave? Non? Mais qu'en pensent les laboratoires pharmaceutiques? Du mal, évidemment...
Mais il y a de spinnakers, des pionnières...
Lucile Cornet-Vernet en est!
Cette conférence est totalement d'actualité, n'est-ce-pas?

Elisabeth N. : Négliger le pouvoir des plantes revient à remettre en cause une grande partie de notre pharmacopée; alors bien évidemment il faut savoir écouter ce genre de conseil
Car Lam
La conclusion est pleine de promesses.... mais encore le chemin est long

28 mars 2020 - Bis

Moi, je vous le dis, on marche sur la tête. Il paraît qu'on est confiné jusqu'au 15 avril. Au moins.
Mais en fait, non.
Car dans l'attestation de déplacement dérogatoire, vous pouvez cocher cette case:
"Déplacements brefs, dans la limite d'une heure quotidienne et dans un rayon maximal d'un kilomètre autour du domicile, liés soit à l'activité physique individuelle des personnes, à l'exclusion de toute pratique sportive collective et de toute proximité avec d'autres personnes, soit à la promenade avec les seules personnes regroupées dans un même domicile, soit aux besoin des animaux de compagnie."
Tout s'explique : il y a un monde cours d'Estienne d'Orves. On promène son chien, ses chiens, son enfant, ses enfants, son mari, ses maris, sa compagne, ses compagnes, son voisins, ses voisins, son meilleur pote, ses meilleurs potes.
On se promène, tranquille, puisqu'on est confinés mais en fait pas vraiment.
La France. Comme d'habitude.
Déjà que le cours est désinfecté, pardon nettoyé à l'eau sale tous les matins, dormez tranquilles braves gens, on veille sur vous.
C'est pas comme si on était en état de guerre, hein. Enfin, c'est ce que nous répète le pouvoir.

Pas de masques, pas de tests, pas de vrai confinements sauf pour les cons comme nous qui respectons... mais quoi en fait? Parce que c'est quand même tentant de mettre les baskets et d'aller marcher 59 mn et 59 s autour du port.
Sauf que t'as la trouille d'attraper cette merde. Mais peut-être tu l'as déjà eue, cette merde. Et que donc, tu peux sortir sans te mettre en danger et sans mettre personne en danger.
Ah ben oui, mais comme on n'est pas en Allemagne ou en Corée du Sud, ici, en France, oui là où on a le meilleur système de santé au monde, si si, c'est la télé qui le dit, on teste pas grand monde, sauf à faire la queue face à l'IHU de la star Raoult.
12 jours sans sortir déjà. Le Premier ministre avec sa grosse voix et sa barbe qui devient de plus en plus blanche annonce: jusqu'au 15 avril au moins.
Beaucoup ne peuvent pas se bosser. Les charges tombent, comme la goutte d'eau du robinet qui fuit. Régulièrement. , Mais pas de rentrées.
Je pense à mes coiffeurs, je pense à coach Vanessa Lisbonne qui nourrit ses chevaux mais qui ne donne plus un cours, je pense à mes cops qui ont des boutiques fermées comme Géraldine Dalban-Moreynas, je pense aux auteurs qui ne peuvent plus vendre un seul livre, commeLuce Michel, je pense à ceux qui ont tenté de vivre leurs rêves comme Elodie Francezon, je pense à mes camarades hôteliers, restaurateurs, barmen, comme Axel de Megille et mes chers Mama(s) Shelter, je pense à mes copains jour-

nalistes qui angoissent, comme Narjasse Kerboua, je pense à mes amis soignants, qui ne voient plus personne, comme Mathilde Demanesse et Valérie Drecq, je pense à mon amie Isabelle qui a mis 20 personnes en chômage partiel, je pense à moi, stoppée dans un bel élan...
Et là, sous tes fenêtres, ça se balade tranquille. Ben oui, l'État qui est en guerre autorise ça...
J'ai la rage, comme une lionne en cage.
À mon avis, dans une semaine, sous mes fenêtres, il y aura Oprah et un beau flashmob. Du moment que la bonne case est cochée, ça se tente…

73 commentaires dont :
Elodie F.: Merci Christine pour ton message; c'est exactement ce que je ressens depuis plusieurs jours. De la colère! envers le gouvernement! envers les gens! c'est du grand n'importe quoi! des mesures qui ne sont pas adaptées à la situation, des gens qui sortent sur le bd chave comme si nous étions un samedi apres midi normal! où sont les policiers? ou sont tous les contrôles? ou sont ils ???? certainement dans les cités pour contrôler le trafic... en attendant les gens promènent pour profiter du beau temps, les voitures circulent, ha oui, çà aussi, pas de contrôle aux péages, pouvoir se déplacer facilement.. j'en ai marre! marre de voir tout ce laxisme, tous ces gens qui ne respectent rien et devoir attendre que les politiciens prennent des bonnes décisions! à

quand un discours ferme? et clair surtout? car trop de bla-bla.. un discours de 20min, où l'on cache au bout de 2 car c'est monotone, ennuyeux....un président qui haussera le ton une bonne fois pour toute? et surtout, marre de se sentir impuissante! je voudrais agir, faire quelque chose! mais à part rester à la maison car oui je suis disciplinée, et bien il faut attendre et attendre. Merci pour ton soutien. Mon bb The Square est fermé, je suis triste, il me manque, tout le monde me manque, mais je sais que je vais bientôt tous les retrouver. Je t'embrasse, courage.
Fiona H. : Tout monde n a pas un grand appartement avec grande terrasse ou jardin .il y a des gens qui vivent dans un appartement très petit. Le confinement n est pas le même pour tout le monde. Vous ne citez que des gens aisés.
Tant mieux pour eux si ils peuvent arriver a vivre ce confinement au mieux . Mais pour bcp de marseillais ça n est pas le cas .
Et je me lève tout les jours la peur au ventre car je bosse a la conception, mais même si ca me met en colère. Je comprends
Elodie Francezon
je vis dans un studio d'une trentaine de m2, j'ai une seule piece et une sdb, pas de jardin ou grande terrasse mais je fais avec! et je reste à la maison
Christine F-k
CFK: Non non je ne cite pas les notables. Artisans, commerçants, petits entrepreneurs : franchement, c'est compliqué pour

tout le monde. Certains sont angoissés, et être angoissés c'est être enfermé en soi. En tous les cas bon courage à vous Fiona.
Dominique G.: Et nous les restaurants fermés depuis le 15 mars...hôtel vide et conséquences subies depuis début février MAIS la TVA est payée, les salaires le seront, sans identifiants de compte de chômage technique parce que ça "bugg", je ne supporte plus ce mot!!
Le loyer ? Mon oeil ...que le propriétaire me le degreve, Foncia m a bien envoyé les charges et la Cfe est bien prélevée..
Je vais bien tout va bien...
Beaucoup de blabla...à la sortie on comptera les bouses

Le contexte :
La Reine d'Angleterre s'adresse aux Britanniques. Et ça n'est pas si fréquent…

6 avril 2020
Alors que quand les Français parlent aux Français, on leur ment sur la nécessité du port de masques
On les traite comme des enfants
Sortez pas.
Ah si sortez mais pas plus d'une heure
Restez chez vous
Mais en fait vous pouvez aller vous promener en famille
Le masque? Pourquoi faire ?
On va pas vous dire qu'on n'en a pas
On va plutôt vous mentir
Tellement mieux en termes de communication politique
Les gars vous les avez bien donnés à Sibetb les éléments de langage c'est bon?
Applaudissez
Ne travaillez pas
Perdez vos petites économies
Etc.
Pendant ce temps,
La saison 4 de The Crown a commencé.

Ma foi, pas mauvaise cette nouvelle saison avec Queen Elizabeth.

15 avril 2020

Je peux vous donner un conseil?
Ecoutez André Comte-Sponville. Et lisez-le, également.
J'ai suivi ses cours de philosophie morale quand j'étais en licence à La Sorbonne.
Non, le Covid-19 n'est pas la fin du monde.
Oui, cette pandémie est sérieuse.
Mais remettons les choses en perspective deux minutes. Juste deux minutes, dans le calme.
Chaque année dans le monde, environ 55 millions de personnes meurent.
Un peu plus de 10 millions meurent de la malbouffe. 10 millions meurent du sucre, du gras, des sodas, du sel, d'aliments transformés, du marketing des lobbys industriels surpuissants. Il apparaît, selon les premières études, que près de 75% de cas en réanimation sont des personnes en surpoids ou obèse.
Le Covid-19 tue, c'est vrai, et c'est d'une infinie tristesse. Aujourd'hui, mi-avril, on comptabilise dans le monde 126 000 décès du Covid, sur 2 millions de cas connus.
Ils tuent en très très grande majorité nos anciens. Fragilisés par l'âge, de la comorbidité, du surpoids, donc.
En France, nous comptabilisons près de 16 000 décès.
Pourquoi en Allemagne, le Covid-19, pour un nombre similaire de cas, tue-t-il 5 fois moins?
Au Vietnam, aucun décès.

Pourquoi n'arrête-t-on pas l'économie mondiale quand on sait que le réchauffement climatique et la fonte des glaciers vont avoir des effets dévastateurs autrement plus catastrophiques que ce putain de virus qui paralyse tout?
On aura en France, en Italie, en Espagne par exemple, brûler toutes nos cartouches en deux mois.
Nos systèmes de santé sont mauvais. Le personnel soignant est admirable, mais le système est défaillant.
On ne s'en relèvera pas économiquement.
Alors, écoutez Comte-Sponville. Réfléchissez à notre rapport moderne à la mort, à la santé, à la maladie, et à l'inéluctabilité de notre condition humaine.
"Depuis 200 000 ans, les humains sont partagés entre égoïsme et altruisme. Pourquoi voulez-vous que les épidémies changent l'humanité ? Croyez-vous qu'après la pandémie, le problème du chômage ne se posera plus ? Que l'argent va devenir tout d'un coup disponible indéfiniment ? Cent milliards d'euros, disait le Ministre des Finances mais il le dit lui-même, "c'est plus de dettes pour soigner plus de gens, pour sauver plus de vie". Très bien. Mais les vies qu'on sauve, ce sont essentiellement des vies de gens qui ont plus de 65 ans. Nos dettes, ce sont nos enfants qui vont les payer."
C'est une crise sanitaire, ça n'est pas la fin du monde.
Et avant de mourir, vivez.
Vivons!

Chérissons nos proches,
Lisons (ah mais oui, c'est vrai, en France, on peut continuer de se saloper la santé en achetant des clopes, mais les librairies sont fermées),
Apprenons du monde.
Bon confinement néanmoins et bon courage à tous. Et merci à celles et ceux qui font quand même tourner la boutique France, malgré…

23 commentaires dont :
Philomène A. Ah ! Ce cher André Comte-Sponville, un de mes philosophes chéris !

Cathy P. Merci de me l'avoir fait Connaître

20 avril 2020

Si le compte est bon, on entame demain la 6e semaine. Pas de congés payés, mais de confinement.

Tous, toutes, enfin surtout toutes, vu que la plupart des mecs sont occupés à regarder des westerns sur Paramount (#Sequencecsexiste), nous avons trié, vidé placards et cartons, rangé, classé, nettoyé etc.

Le truc le plus incroyable me concernant, c'est avoir retrouvé dans ma salle de bain un nombre incalculable de masques et gommages. Je n'ai pourtant pas de problèmes de peau! Mais qu'est-ce je fous avec autant de masques?

Et vous, qu'avez-vous trouvé de déroutant ?

À vous lire

28 avril 2020

Chaque après-midi, je marche un peu. Pas trop loin de mon domicile. Musique dans les oreilles. Ça peut varier. Christophe bien sûr, parce que ça me fait du bien de traîner avec lui. Et d'autres chercheurs de son.

Je marche, captant des détails muraux. J'ai arpenté le Panier, aucune ruelle, traverse, impasse n'a plus de secret pour moi. Graffitis géniaux, tags hilarants ou révolutionnaires sur les murs: c'est une balade poétique et surprenante. Que je partage avec une privilégiée.

Hier, je suis montée au Cours Julien. Pour les non-marseillais, c'est un quartier de mon point de vue un peu à la dérive, mais avec des boutiques de créateurs, des bars, des restos, des rues pavées degueulasses, pas mal de toxicos, mais des graffitis assez réussis.

La vie semble s'écrire sur les murs à Marseille. Une façon parfois artistique, quelquefois anecdotique, hélas intrusive aussi, de faire passer des messages.

Messages politiques et souvent radicaux
Messages à l'absente aimée
Messages à dieu et à ses saints
Messages incompréhensibles sauf par l'auteur
Un régal qu'offre finalement cette longue période hors du temps.
Une période bénie pour les plus chanceux, dont je fais partie.
Que restera-t-il après de tout cela?

Peut-être un petit livret du confinement…

Le contexte :
Article de slate.fr sur le confinement : la leçon suédoise (**5**)

10 mai 2020

Durant ces semaines de confinement, j'ai assez peu écrit ici sur cette crise sanitaire. Pour ne pas ajouter de l'énervement à l'affolement général et à la seule émotion qui a été titillée depuis mi-mars: la peur.
Avec la peur, vous faites faire tout et n'importe quoi à qui vous voulez.
La preuve: on nous a privé en France de la liberté la plus élémentaire qui soit, et on a adoré ça. Enfin, une majorité.
C'est l'histoire de la chèvre de Monsieur Seguin (pas Philippe, un Monsieur Seguin de la montage).
Les moins jeunes s'en souviennent peut-être, et pour les plus jeunes, j'espère qu'on ne vous a pas mis ça dans la tête...
Monsieur Seguin a une chèvre. Elle est attachée dans un tout petit pré. Elle ne peut pas en sortir, mais elle a tout ce qu'il lui faut: à manger, à boire (Elle n'a pas Netflix mais pas loin).
Le problème de cette chèvre, c'est qu'elle regarde la montagne et qu'elle ne rêve que d'une chose: aller gambader follement et courir à en perdre haleine, pour ressentir la plus belle des émotions, la joie. Et la liberté, qui va avec.

Mais Monsieur Segin lui explique: je te laisse attachée parce que j'ai peur sinon que tu te sauves. Je sais mieux que toi ce qui est bon pour toi.
Car la liberté, c'est dangereux et il y a le loup dans la montagne.
La chèvre, elle, elle se dit : je n'ai qu'une vie (elle ne croit pas au karma) et je veux courir à en perdre haleine.
Une nuit, elle finit pas se détacher. Et elle s'enfuit dans la montage. Elle court (à en perdre haleine, on a compris l'image), elle saute, elle rit, elle se roule dans l'herbe. Elle est heureuse. Elle ne voit pas le danger, la conne.
Et arrive ce qui devait arriver: elle se fait bouffer par le loup.
Conclusion?
Voilà ce qu'on nous racontait quand on était petits à l'école et voilà ce qu'on nous a raconté depuis deux mois.
Lundi, on déconfine. Et une nouvelle peur s'installe.
Nous sommes tous des chèvres de Monsieur Seguin...
Ou pas!

26 commentaires dont
Silvia P.-G; La Suède a fait confiance à son peuple et à la responsabilité individuelle de chacun et elle a eu raison ils se sont eux-mêmes auto limités pourrait-on en dire autant des français quand on voit l'attitude de certains durant le confinement !! Pas si sûr... si Mr Seguin avait eu confiance en sa chèvre il ne l'aurait pas attaché car il n'aurait pas eu peur pour elle ....

Coralie B. Je n'ai pas (encore) lu le papier de Slate. Mais où est la leçon suédoise exactement ? Dans ce pays de 10 millions d'habitants avec une densité de population très faible (23 hab/km2 quand la nôtre est de 113) on totalise 3220 morts. Donc si je multiplie par 6,7 pour arriver à un pays comme le nôtre, ça fait
21 574 morts. Franchement, je vois pas trop le miracle de la stratégie de non-confinement..
Eric M. Coralie B. exact. Quel que soit le modèle on arrive au mêmes résultats. 3.5/1000 habitants..
Christine F-k
Dans un choix, moins d'impact psychologique, moins de souffrance de cet ordre, moins de mensonges, une économie qui ne sera pas à la ramasse etc. Dans l'autre, une hystérie délirante, mensongère, infantilisante... Mortifère aussi.
Christine F-k
Pour un résultat identique, bien moins privation de liberté. Une économie qui va résister (l'économie, c'est pas que la méchante finance. L'économie c'est la culture, le tourisme, l'éducation, des librairies ouvertes) pas d'attestation infantilisante à remplir.
Si le titre est moyen, l'article me semble éloquent.
Coralie B. Christine François-kirsch oui je viens de lire le papier, bien bien plus prudent que le titre (un chouille putassier) ne le laisse supposer. Eh bien moi, je préfère rester dans la bergerie et ne pas sacrifier tous nos petits vieux pour que l'économie

tienne bon (parce que c'est un peu ce qui se passe chez eux quand même...).

Christine F.-K.: On les aura sacrifier, les petits vieux, à coups de Rivotril et de solitude

Christian C. Bonjour. Loin de moi l'idée de dire qui a raison ou tord sur la méthode, et la réduction des libertés doit être combattue, plus encore si elle prétend devenir pérenne à la suite d'un évènement, comme ce fut le cas après les attentats, puisque plusieurs règles sont devenues définitives. Cela dit, concernant les taux de mortalité, une notion qui n'est que très rarement prise en compte est le Nb d'habitant au kilomètre carré. Celui de la Suède est très faible, avec 25 (Norvège encore plus petit cela dit, 14), contre des pays comme l'Allemagne qui sont à 372. Dans les cas des pays, il se marque tout de même que les pays à faible densité de population n'ont pas eu recours à des confinements stricts là où les pays à forte densité on mis en place des confinements assez stricte et non volontaire. Il est sans doute plus facile de gérer les distanciations lorsque les espaces sont importants, et les villes plus organisées en matières d'espaces publiques. La France par exemple a beaucoup de ville et village dont le principe organisationnel remontant au médiéval laisse peu d'espace dans les centre ville (et malheureusement cela a perduré dans les banlieues). Ce n'est qu'un complément d'information qui n'infirme pas votre propos mais qui ajouté à tous les autres facteurs et des chiffres annoncés pas toujours claires, qui montrent qu'il n'est pas toujours évident de comparer les pays entre eux sur les méthodes et les résultats de ces méthodes. Sur le point du consentement pas contre, rien à dire. Il n'a pas été demandé (même si au début, 90% des http://xn--franais-xxa.es/ approuvaient le confinement)

Nath R. Suis pas une chèvre et le loup, il préfère aller bouffer les chèvres captives ou les moutons... Dans les deux cas, le confinement m'a gonfle, 3 tonnes de peur et d'anxiété pour des gens facilement manipulables ...

J'aime vivre dangereusement, mais pas mettre les autres en danger...

4 juin 2020

On n'imagine pas toujours le stress et la tension des autres... Même quand on est très très proches. On sent, on ressent, on apaise. Mais on n'est jamais à la place de l'autre...
Les Mamas rouvrent demain.
En tous les cas celui de East Paris.
Marseille aussi sans doute.
Celui de Paris...
Que je connais si bien et pour deux bonnes raisons. Ou pour deux personnes de ma vie que j'aime d'amour.
D'abord parce qu'avec BB nous y avions mangé, dévoré devrais-je dire, un baba au rhum géant et fuck la ligne. Aussi parce que c'est là, le 31 août de la même année, que nous avons partagé notre dernier repas ensemble, nos derniers regards échangés. C'est devant le Mama que nous nous sommes dit au revoir.
Et puis, allez donc demander à l'univers pourquoi il me fait cette blague, ou plutôt ce cadeau du ciel : ma chère Lina est partie voilà trois mois redresser cet établissement un peu en souffrance. Après avoir fait des merveilles à Marseille!
Au quotidien, elle me fait part de chacun de ses pas dans ce défi de taille. Après deux mois de confinement, l'accueil de 58 personnes pas forcément habituées aux jolis hôtels et à leurs codes (Je reste volontairement sobre...), le Mama rouvre en partie demain matin.
Je lui ai dit hier soir:

—C'est un peu comme la veille d'un vote, ma chérie. T'as tout donné, t'as bossé comme une dingue, t'as peu dormi. Tu peux être fière de toi. Vendredi c'est fait!
Elle m'a répondu ce matin:
—Je serai fière, dear, quand ça sera fait. Après.
Dans 24 heures, les premiers clients franchiront la porte. Sans imaginer ces semaines de difficultés, de doute, de trouille. D'épuisement.
C'est un saut sans filet.
Moi je suis fière de ma Lina.
Je remercie aussi tous ces entrepreneurs qui se lèvent l'âme pour que notre vie soit plus légère et plus joyeuse.
Back to the Mama !

19 juin 2020

Je me souviens de ce jour si triste. Mon père est venu nous chercher, une amie et moi. On passait le bac, je crois. Ou un examen, je ne me souviens pas. Il m'a dit: Coluche est mort et j'ai chialé. Ma copine m'a dit, ça va aller, c'est pas grave.
Ben si, c'était grave.
Quand j'étais enfant, je me souviens de débats: Coluche est-il vulgaire?
Lui expliquait : grossier oui, vulgaire jamais. Ce sont les autres qui le sont, vulgaires.
Ça m'a marquée.
Imaginez un peu Coluche aujourd'hui, au temps, des barbus islamises, des féministes inclusives de je ne sais pas quoi, des bien-pensants qui nous disent comment penser, des chaînes en continu qui balancent du sang et des larmes, histoire d'angoisser encore un peu plus le pays le plus gros consommateur de cachets au monde. Imaginez un Coluche au temps du confinement. Mon dieu, sans doute se serait-il barré comme Brel aux Marquises, pour ne pas assister à ce délire ambiant.
Me demande si après, je vais pas y aller faire un tour, aux Marquises.
Une île.
Peut-être qu'il est là-bas, Coluche…

22 juillet 2020

Pendant le confinement, j'ai marché. Chaque après-midi. Seule. Comme la chanson. Enfin, pas tout à fait seule, mais à distance avec Lina. J'ai pris beaucoup de photos des murs du Panier, le plus vieux quartier de Marseille, un peu du Cours Julien et aussi du Vieux-Port. Je ne me suis pas éloignée de mon domicile évidemment, règles obligent. J'ai vu des graffitis, des tags, des perspectives. J'ai été surprise souvent, de ce que je lisais sur les murs. Chaque soir, j'en faisais le récit et je recevais en échange des photos et des mots doux qui aidaient à terminer ces journées qui s'étiraient.

Puis, nous avons décidé d'en faire un livret. Deux, en fait. Un privé, que pour nous deux, et un autre, que nous pouvons rendre public : photos et textes livrent sept semaines hors du temps, à Marseille et un peu à Paris.

Notre livret public du confinement, le voici.

Qu'il reste un petit quelque chose de cette étrange période où l'on n'a vu que peu d'êtres humains mais qui a rendu proches des personnes éloignées physiquement.

C'est la magie de la création, de l'art, de l'imagination. C'est la magie de la vie.

Bonne découverte de notre livret.

Ou quand L&K se baladent dans la vie.

CALAMEO.COM
www.calameo.com

7 août 2020

Barbara. J'ai rêvé de Barbara au petit matin.
Un rêve incroyable.
Je me suis rendormie vers 5.30 après avoir légèrement parlé avec ma sweet L. Qui m'a ordonné : dors!
Je me suis donc rendormie. Un rêve est arrivé.
Et Barbara était là, grande, une robe noire, de larges lunettes noires, riante. Elle parlait avec un homme, son attaché de presse.
On était en backstage, avant son concert du soir.
J'osai m'approcher d'elle.
Je réalisai alors qu'elle revenait de l'au-delà juste pour la soirée.
Je savais donc que je n'avais pas le choix. Il me fallait lui parler maintenant avant qu'elle ne reparte pour l'ailleurs.
Je me présentai. Elle était souriante. Je lui dis alors:
—Madame, je suis née à seulement quelques minutes de chez vous, à Précy sur Marne.
—Ah oui,? Où êtes-vous née ?
—À Lagny sur Marne.
—Oh ça n'est pas très loin. Une quinzaine de minutes n'est-ce pas?

Nous parlâmes alors de la Seine-et-Marne. De la campagne. De sa grande porte de grange.
Je lui confiais alors :

—Quand j'ai obtenu mon permis de conduite, je suis venue plusieurs fois à Precy mais je n'ai jamais osé sonner chez vous. Trop peur de vous déranger.
Mais cette fois-ci j'osai:
—Madame, j'ai écrit 4 chansons. M'autorisez -vous à vous les montrer ?
—Mais bien sûr, répondit-t'elle.

Je lui donnai donc 4 feuillets et je partis.
Le cœur serré de trouille, tout le corps tremblant de mon audace. Rendez-vous compte, la plus incroyable des Chanteuses, qui a écrit l'amour, la perte, le désir, la solitude comme personne, allait lire ma prose modeste.
Quelques heures passèrent et on me fit appeler.
—Madame Barbara vous demande.

Je me retrouvai dans sa loge. Elle avait mes feuillets à la main.
Elle me regarda droit dans les yeux. Elle avait retiré ses grandes lunettes noires. J'aperçus des notes griffonnées.
—J'ai tout lu et c'est vraiment très bon. J'ai apporté quelques corrections ici ou là mais c'est très bon. Je vais les chanter si vous acceptez de me les offrir.

J'étais incapable de lui répondre, seulement de bêtement sourire.
Et je me réveillai. Hélas.

Mon cerveau n'a pas mémorisé les 4 chansons. Et Barbara est repartie ailleurs.
Mais quel rêve…

8 août 2020

Port du masque obligatoire. Le truc qu'on sort de la poche au Vieux-Port et qu'on range dans le quartier d'à -côté.
Misère, qué misère.

Isabelle K. :Tt à fait ça !!!
Nicole D. : Je crois qu'on peut tout critiquer, mais que décider est plus complexe
Christine F.-K.:Nicole D. Oh je ne critique pas. Je pointe du bout du nez les choix surprenants de nos dirigeants.

10 août 2020

Masque sur une partie du Vieux-Port, et seulement quelques heures dans deux autres parties de Marseille. À Paris, certaines portions de rue se feront masqués, quand l'autre bout, non.
Les plages sont noires de monde, non masquées évidemment.
Pendant ce temps-là, en Suède...
Bonne journée !

11 août 2020

Comment en est-on arrivé là ? Été 2020.

Voici sera toujours Voici et c'est probablement le magazine le plus drôle qui soit (S'il ne recevait pas autant de finances publiques lui aussi, je dirais même que parfois ça confine au génie absurde).

Ces photos de notre président de la République, pour qui j'ai fait campagne en 2016/17, que j'ai soutenu sans relâche... Malgré Benalla, malgré les Gilets jaunes et franchement beaucoup moins depuis mi-mars...

Eh bien ces photos me glacent et me désolent. Car ce reportage faussement volé est juste pitoyable.

Pathétique même... Pratiquer du jet ski bruyant et polluant quand les glaciers fondent?

Les conseillers en communication de l'Elysée grassement payés sont vraiment des cadors. Chapeau bas.

Au retour du Liban, c'est vraiment le bon message à envoyer.

Au moment de cette mascarade Covid (Je parle de la gestion de la crise, pas de la maladie et encore moins des personnes touchées),

au moment où le chômage va exploser, les entreprises tirer le rideau,

bref au moment où s'annoncent une crise économique, une crise sociale, une crise psychologique aussi (Les dépressifs on en parle?), notre président se fait photographier en faisant du jetski.

Mais vous savez quoi?
Je ne cesse de rire.
Car on apprend, en lisant la légende de la photo de bas de page à droite, cette information essentielle :
—Comme beaucoup de Français depuis le confinement, le président a arrêté de s'epiler.
J'avoue, je ris. J'aurais voulu légender cette photo et parier 100 balles que ça serait pas retoquer par le rédacteur en chef.
Est-ce le désespoir qui me guette?
Macron s'epilait le torse et on ne le savait pas?
Vivement le prochain numéro de Voici où on apprendra qu'enfin tel leader de parti s'est débarrassé de ses hémorroïdes, que telle autre a trouvé la solution pour ne plus avoir de règles douloureuses...
Je crois qu'à la rentrée je vais m'abonner au Canard Enchaîné et à Voici pour rire.
Pour éviter le désespoir de cette époque épique.
PS.: j'ai quand même eu un doute et cru d'abord à un fake, à une fausse Une et à un faux reportage. Non non…
83 commentaires dont

Cire R. il profite il a raison il dirige un pays d idiots

Maurice B. Il se comporte comme un sale gosse, un enfant gâté de la bourgeoisie dorée de province... Un Rastignac de

pacotille... Cet homme est un danger pour notre pays et cela fait un moment que nous le disons... mais nous sommes des ringards qui n'avons rien compris à l'évolution du monde
Christophe T.-E.: Tout cela est très discutable...
D'abord, il a besoin de vacances, comme tout le monde et il en profite, je n'ai rien à y redire.
Son jet ski est peut être électrique. De toutes façons, tout mode de déplacements hors les jambes, est polluant.
Enfin, faire l'amalgame entre sa sortie en jet et sa politique, le monde, j'avoue que c'est un raccourci que je n'aurais pas pris.
Tout cela est bien trop complexe pour le résumer en qq lignes.
Ces réseaux sociaux sont un divertissement pas un haut lieu de l'analyse politique, surtout quand on lit les coms à chaud des internautes de tout poils.
Marc P. Merci de votre courage , votre honnêteté et votre pertinence
Pascale F. Nous en sommes à ce résultat car comme vous le précisez vous avez votez pour lui ..!!!!Je suis encore toujours sidérée comment certains intellectuels on pût voter pour ce style de personnage car intellectuellement ils avaient la possibilité et le temps de prendre connaissance de son programme et de ses show ... L'excuse de Beaucoup qui nous bassinent que c'était un vote contre l'extrême ....Le vote blanc existe pour ne pas être complice d'élus qui ne correspond pas à nos convictions ......Perso les gens pathétiques se sont les adminis-

trés qui on mis en place se dictateur ...La question que je me pose et qui me fait froid dans le dos au prochain élections Présidentielles dans le même scénario que ferez vous Christine !!!! Car sincèrement qu'il fait du jet ski ou de Canoë pour ses vacances on s'en bat le coquillart ..

17 août 2020

Paris, capitale.
Paname, désertée. Presque sinistre. Comme sinistrée.
Que sont-ils en train de nous faire, ma chérie ?
Tu ne danses plus,
tu ne chantes plus guère,
tu ne te promènes plus trop au hasard des rues,
tu cours te réfugier dans des endroits clos,
on ne peut plus t'enlacer ni t'embrasser sous les portes cochères avec ce fichu masque,
On ne peut plus s'asseoir sur les bancs publics et se parler à l'oreille
Paris, tu ne souris plus
Tu ris à peine
Que sont-ils en train de nous faire ma chérie ?

26 août 2020

La photo est jolie. Elle donne envie de venir s'attabler là, de s'asseoir quelle que soit l'heure dans ce bar, de demander une margarita ou un daiquiri.
Oui, mais après 23 heures, à Marseille, cela est impossible et ce, au moins jusqu'au 30 septembre.
On a un nouveau Préfet, qui n'est pas là pour rigoler, hein…
Je sors peu depuis un moment: manque de temps, manque d'envie. Manque de souffle général ou collectif. A Marseille ou Paris, les endroits où j'aime aller sont en train de s'attrister. Un verbe étrange pour la circonstance.
Au bar de mon copain Cesar Callejas-cala, on ne peut plus discuter avec lui, l'admirer réaliser ses cocktails. C'est interdit.
Au Mama Shelter East Paris, ma sweet Lina me disait il y a dix jours :
—Regarde, K., regarde, il n'y a personne.

C'était un vendredi soir et il n'y avait effectivement personne.
On s'entendait parler, même murmurer.
Inimaginable dans un Mama Shelter.
Donc, on va fermer à 23h les bars, tous les bars, les restaurants, tous les restaurants, et même les épiceries de nuit.
Donc, on met tout et tout le monde dans le même sac.
On teste beaucoup plus : le résultat mathématique n'est pas si difficile à comprendre… Mais ça n'est pas mon sujet.

Donc, il va y avoir une sorte de couvre-feu à Marseille...
Donc, on va rester chez soi.
On ne va plus danser, on ne va plus passer de bar en bar et rigoler, et observer les jolis garçons et les jolies filles se mater, se séduire et flirter un peu.
Tinder et Netflix ont de beaux jours devant eux. Les antidépresseurs aussi.
En revanche, je suis prête à parier que sous l'ombrière du Vieux-Port, le bazar qui sévit depuis des mois va perdurer, en toute quiétude républicaine (je blague).
Je suis prête à parier qu'au Cours Julien et à la Plaine, le bordel va s'étoffer.
Je suis prête à parier qu'on nous prend pour des truffes.
J'adore la truffe, mais à toute petite dose...

26 commentaires dont
Agnès O. : Donc, on rend tout le monde responsable de la hausse des personnes positives, dont la plupart, dans la très très grande majorité ne sont ni des cas de Covid ni des malades. Juste porteurs.
Silvia P.-G.: Le virus ne sévit pas de 20h à 23h ??? J'avoue je ne sais plus que penser mais reste très sceptique sur les décisions prises depuis le début de cette crise !
Sophie R. Toi qui écris Christine : il n'existe pas de mot dans la langue française pour exprimer ce que je ressens face à cette

énorme escroquerie mondiale... mais je vais peut être l'inventer !!
Cyrille P. : Chère Christine François-kirsch cela me semble quelque peu exagéré. On peut tout de même aller au cinéma, au théâtre, voir un spectacle, faire un apéro, aller dîner au resto avant 23 h. Il y a quasiment aucun resto où passé 22 h vous pouvez dîner à Marseille ! Faites l'expérience ! Le couvre feu me semble donc inapproprié quelque peu .. en revanche, passez rue Sainte, à St Victor, au Rooftop quand c'était ouvert ou au Baou tous les lieux ou vous entriez avec un masque puis le ranger dans la poche juste après il n'y a aucune mesure de distanciation aucun geste barrière. Demandez à un chauffeur de taxi à Marseille ce que lui rapportent les clients quand il les récupère à 1 ou 2 h du matin « ah oui on n'a pas fait gaffe .. » voilà pourquoi cela ferme à 23 h heure qui permet quand même de sortir, d'avoir une vie sociale et de profiter
Christine F-k
J'habite rue Sainte. Et ça peut vous paraître excessif, mais, même si je porte le masque là et où on doit, je ne veux pas qu'on me dise quoi faire, de quelle heure à quelle heure. Désolée mais ça n'est pas l'idée que je me fais d'un état de droit et d'un état civilisé, apte à répondre à une situation sérieuse. A moins que notre état ne soit plus en capacité de nous assurer la sécurité, physique et sanitaire, à partir de 23h. Ce qui est un autre débat. ce qui est sans doute le sujet.

Martine S .:Christine François-kirsch ces envolées enflammées sont bien belles, mais quoi préconiser ? Quelles solutions apporter ? Le civisme ne s' apprend pas à coup d'amendes et d'interdictions, c'est malheureusement bien plus complexe et délicat d'enseigner à l'autre le respect, l'empathie, le "care", la solidarité... la citoyenneté. La question de l'état de droit est ici hors de propos. C'est de responsabilité collective qu'il s'agit. Imposer le masque, ce n'est pas de la dictature, fermer à 23h, à Marseille, c'est la défaite du civisme mais peut être, malheureusement, et à grand regret pour les activités économiques qui en souffrent, une forme de réponse même imparfaite..
Christine F-k Martine S.: Mais une solution à quoi exactement ? À un virus qui circule, comme des millions d'autres... Et qui tue, pardonnez-moi, "seulement" 5.8 personnes par jour en France. Dont des personnes âgées ou malades. Quand le gras tue dans le monde chaque année 11 millions de personnes, en invalide bien plus (diabète, obésité, maladies cardios etc.), le covid a tué 820 000 personnes, dont une majorité de gens qui n'allaient pas bien, âge, maladies etc. C'est triste. C'est trop, je vous l'accorde. Ne faudrait-il pas fermer les Mac do, Burger Kings et autres distributeurs de morts à petits feux à grand coup de graisse? Question absurde, je vous l'accorde encore, tout autant que les restrictions dont nous sommes victimes aujourd'hui, et pas seulement en France d'ailleurs... Nath U.-R., ton avis ?

Christine François-K. Cyrille P.: Vous avez envie d'aller au cinéma en portant un masque pendant 2 heures, quand les minots l'auront sur le menton parce qu'ils se gavent de pop corn sucré et de soda? Franchement? Vous le savez bien que tout ceci n'est pas sérieux.
Nath U.-R.: Christine François-kirsch mon avis ma chérie ? C'est que des décisions sont prises sans concertation avec nos responsables locaux, qu'on essaye et on tente de nous sanctionner parce qu'on a un magicien avec la potion magique, que tout cela est basé sur des chiffres en partie erronés et qu'à mandonné, soit y en a un qui va leur mettre une bombe et peut être qu'on aura un bri' de vérité, soit on est dans une sacré merde... M'Est avis que la guerre civile n'est pas loin... On en reparle en novembre ou le virus qui a muté depuis 4 mois va s'attaquer encore à d'autres personnes et la, ils diront, ohhhh une deusixieme vague !
En gros, avec un peu de sport, une alimentation saine et un bon moral et le soleil, on se protège à 95% de cette saloperie fabriquée de toute pièce par des scientifiques un peu fadas qui n'ont pas su le maîtriser.
Me demande même si c'est pas par la vaccinatuo' contre la grippe qu'ils ont refile ça aux plus fragiles qui se font vacciner contre la grippe...
C'est une de mes théories de complotiste...

Faut voir un côté positif à tout cela, on a résolu en partie le problème des retraites... (pardon mais fallait que je le dise)

27 août 2020

"Ce sont des rigolos".
Le comique truffier se poursuit. De l'expression, "On nous prend pour des truffes"
Après la fermeture des restos et des bars à 23h à Marseille
Après l'interdiction de réouverture des clubs et boîtes de nuit
Après l'annonce du port du masque obligatoire pour les adultes dans les établissements scolaires (Il faut dire qu'en France, l'éducation est une telle réussite que l'on peut bien se passer de lien social qui passe par le visage, le sourire, prendre un enfant dans ses bras etc.)
Maintenant, voici le chantage au monde du spectacle.
Mais rassurez-vous, les centres commerciaux et parcs d'attraction sont ouverts. Du moment qu'on nous fait dépenser du pognon, l'essentiel est sauver. C'est pas moi qui le dis, c'est notre ministre de l'Economie Bruno Le Maire.
Et Netflix gonfle son nombre d'abonnés.
Forcément.
Les festivals sont interdits. Pas besoin de les relancer, parce que franchement, chaque jour, la gestion de la pseudo crise sanitaire est un festival.
Ubu au pouvoir.

2 septembre 2020

Je ne sais si je vais lire le livre d'Emmanuel Carrère. Le soir, avant de dormir, j'ai besoin de mots légers, ou d'histoires qui m'emportent vers cet ailleurs nocturne. Pourtant, j'ai bien envie de me plonger dans les mots de cet homme intense et intègre. De connaître le cheminement mental qu'il a pris.

Nous sommes toujours seuls face à nous, et faisons parfois ce drôle de cheminement. On n'y comprend pas grand chose, mais le corps, l'angoisse, la souffrance rattrapent. C'est une tempête, un voyage et il faut attendre celles et ceux qui l'entament à l'arrivée. Les entourer d'amour, mais à distance respectable.

C'est parfaitement ce que je vis en ce moment avec quelqu'un que j'aime. Je l'attends à l'arrivée. Je lu écris, Go go.

Ce cheminement, ce voyage dans la tempête, c'est peut-être la plus grande prise de risque dans une existence mais c'est aussi ce qui permet à Emmanuel Carrère de conclure son livre ainsi :

"Ce jour-là, je suis pleinement heureux d'être vivant."

Etre "pleinement heureux d'être vivant", quelle sensation exceptionnelle. Qui demande une mise au travail. Mais ça vaut tout.

Et quand on se retourne, après ce satané voyage dans la tête, l'inconscient, le corps, dans sa vie quoi, finalement, on se dit: Oh, ça n'était que ça.

"Pleinement heureux d'être vivant" : je vous le souhaite.

Le contexte :
Un article Article Le Journal de Montréal : la santé publique du Canada conseille le port du masque pendant les relations sexuelles (**6**)

3 septembre 2020

Il n'y a pas qu'en France qu'il y a des champions du monde.
Ce texte, cet appel à la plus grande prudence n'est pas satirique. Non non.
C'est du sérieux.
Et nos enfants vont grandir dans cette société-là ?
Quand je pense que nous, quand on allait en boum, notre seul souci c'était ça : comment gérer le quart d'heure américain (qui, je le rappelle pour les plus jeunes ou les incultes, étaient le moment où les filles invitaient les garçons à danser un slow)...
Aujourd'hui, septembre 2020, "on" conseille de ne plus embrasser, de ne plus cajoler, de ne plus enlacer, de ne plus "collé-serré".
Distanciation sociale, qu'ils disent. Quelle horreur.
Rien n'est meilleur au monde, à part peut-être un brownie tiède fait maison, que de sourire et de recevoir un sourire, que de prendre la main de quelqu'un, que de caresser délicatement une joue, que de mettre une mèche de cheveux délicatement derrière une oreille, que de prendre quelqu'un dans les bras parce qu'il-elle est joyeuse ou triste.

Et je n'écris pas le reste, car je sais que ma fille parfois me lit.
En revanche, je peux conclure ce message par ça, qui vient du plus profond de mon cœur :
Allez vous faire foutre avec votre délire sanitaire.
Love, love love comme vous voulez, où vous voulez, avec qui vous voulez (s'il ou elle est d'accord, hein), autant de fois que vous voulez.

10 septembre 2020
"Ce dont j'ai le plus peur, c'est la peur" : Montaigne

11 septembre 2020

Je ne sais pas ce qui me fout le plus la trouille en 2020.
De voir Guillaume Durand seul sur son plateau radio-TV de radio Classique avec un masque.
D'apprendre que les Oscar sélectionneront des films uniquement s'ils ont leurs quotas de minorités (black, métisse, gay, lesbienne, handicapé etc.)
D'écouter et réécouter Sarkozy cherchant, sur le plateau de quotidien, à faire de l'humour sur les singes et Agatha Christie en étant surtout vulgaire
De constater que Michel Onfray se prépare à entrer vraiment en politique sur des critères de bon sens (ITV sur Sud radio, un festival de portes ouvertes enfoncées)
Ou que Bigard se prend pour Coluche
Les arbres morts (Sapins de Noël…) du nouveau maire de Bordeaux : Juppé, reviens!
La fermeture des clubs et boîtes de nuit confirmée jusqu'en avril et la fête qui meurt petit à petit en France mais pas seulement
La peur qui se distille partout et même chez les plus cérébrés d'entre nous
Jean-Louis Ayoun qui me raconte que ses trois dernières lettres manuscrites ne sont jamais arrivées à leurs destinataires
Ou bien cette nouvelle tendance américaine de massage collectif.
Quoique, à choisir, pour garder son calme, hein…

14 septembre 2020

Et donc, le cirque continue. Les numéros commencent à être connus.

Des débordements, plus ou moins joyeux en centre-ville de Marseille, sans aucune sanction, ni restriction.

Puis le coup de massue pour la majorité d'entre nous, qui ne pouvons plus circuler, vivre normalement.

La plupart des jeunes se moquent totalement de la Covid. Et ils n'ont pas tout à fait tort, au vu des données scientifiques de développement de la maladie. J'ai écrit maladie, pas cas.

Hier soir, l'OM a battu le PSG et ça s'est bien entendu. Et bien vu, sur le Vieux-Port et sur la Canebière notamment.

Défoulement, en masse.

Gros gros défoulement.

Pas de masque.

Pas de distanciation.

Aucun geste barrière.

Un joyeux bordel qui s'est transformé en bordel tout court.

Comme d'habitude.

Et "on" a laissé faire.

Come toujours en France.

Aujourd'hui tombe le couperet. Annulation de la Foire de Marseille, à une dizaine de jours du lancement.

Mesures renforcées.

Ah ouais ? Mais lesquelles ?

On va me sanctionner quand je discute avec la boulangère sans le masque ? C'est ça le renforcement des mesures ?
La semaine dernière, j'ai calmement écouté l'intervention du Pr Raoult, sur la surmutation du virus. Celui qui circule toujours, au grand étonnement de nombreux commentateurs qui ont dû sécher les cours de Sciences naturelles, en 4e. C'est très clair ce qu'il explique. Un mauvais signe pour la bestiole, assure-t-il.
Ce week-end, j'ai réécouté calmement l'intervention du philosophe André Comte-Sponville. Qiu appelle à relativiser. Et à cesser de céder à la peur panique de la maladie.
Vraiment, vraiment, s'il ne faisait pas si froid en Suède, je crois que je penserais à aller vivre dans une société adulte. Il n'y en a guère sur cette planète. Une chose est certaine: la France n'est pas une nation adulte.

37 commentaires dont

Daniel B.: "On a laissé faire ?" . Mais c'est quoi ces phrases ? Il fallait faire quo i? frapper les gens ? Les emprisonner ? On a une (grosse) tranche de population de fadas complets qui ne savent que se plaindre, qui ne respecte rien et qui font n'importe quoi, à n'importe quel moment avec n'importe qui !!! Alors, je me mets à la place des policiers et je me dis que ça ne doit pas être facile du tout de gérer « Marseille"

Christine F-k

Sérieux ? Pas facile de gérer Marseille ? ou la France ? On interdit les boîtes de nuit ou les spectateurs dans les stades, on t'emmerde pour aller acheter un croissant à la boulangerie du coin où il n'y a personne... Et hier soir, "on" a laissé les terrasses déborder de gens. Déborder jusqu'à la gueule. Forcément, "on" ne peut pas gérer le foot. "On" a déjà vu ça l'autre dimanche, avec la finale de la champion's league. Tu m'étonnes, à force de laisser faire tout et n'importe quoi. Toujours. Sans cohérence; sans ligne. Jamais de cohérence. Alors oui, "on" va laisser faire de plus en plus. Le shit, la violence, les dégradations. Et "on" va finir par penser à vraiment se barrer suffisamment loin pour simplement être cool. "On" le mérite je trouve.

20 septembre 2020

Je regardais par la fenêtre cette nuit, au-dessus de cette belle place marseillaise qui va redevenir silencieuse ce week-end.
Restos, bars... Out.
Je lisais les réseaux sociaux aussi.
Des infos contradictoires. Les uns écrivant qu'à Marseille les réanimations explosent (Ah bon ?)
D'autres assurant que si les estrangers n'étaient pas venus cet été chez nous, on n'en serait pas là.
Puis je repensais à la dernière vidéo de Raoult. Claire. Nette. Précise. Chiffrée.
Pas d'affolement.
Je vous invite à trouver un quart d'heure et à bien écouter sa démonstration.
Je vous conseille aussi la lecture du bouquin du professeur Perrone, intitulé « Y a-t-il une erreur qu'ils n'ont pas commise ? »
Passionnant notamment sur les conflits d'intérêts d'un certain nombre de membres du conseil scientifique.
Tout ça dit tant de notre société.
Les nostalgiques d'une époque révolue, où l'on pensait à s'amuser, à vivre comme des jeunes adultes, à penser peu à l'après demain. À bosser beaucoup quand même pour réaliser nos rêves.
Sans trop s'inquiéter.
Cette époque où nos anciens étaient respectés et pas spoliés dans des maisons de retraite qui n'ont de maison que le nom.

Où on prenait un avion, la bagnole ou un train de nuit pour aller voir ailleurs si j'y suis.
Rien à voir avec cette Société de la précaution ultime. Société sanitaire. Société psy. Perverse. Où l'on pointe et culpabilise les jeunes d'être susceptibles de tuer leurs grands-parents.
Pas de câlins. Pas de bisous. Pas de sourire. Pas de verre et plus le verre de trop. Pas de danse et encore moins de slow. Moi qui étais prête il y a un an à lancer une grande campagne pour que le slow soit réhabilité.
Alors, je vous le dis: j'ai commencé à noter dans un cahier et à travailler dans un coin de ma tête à après-demain. Un après-demain tendre, festif, créatif. Paisible.
Loin de tous ces fadas. Au rythme des slows que nous danserons, enlacés et heureux.
Les choses les plus belles au fond
Restent toujours en suspension.

10 commentaires dont
Ingrid Q.: Merci je partage chacun de vos mots et vous traduisez notre époque folle parfaitement.
Bises . (Cela devient si rare !)

12 octobre 2020

Tous complotistes ?
Allons, allons, un peu de sérieux.
Les mesures sanitaires ne sont pas à prendre à la légère.
Mais les impacts des mesures insensées (c'est-à-dire sans pédagogie, sans stratégie connue, expliquée et partagée, sans perspective, au coup par coup) prises semaine après semaine et ce, depuis des mois ont et auront des conséquences terribles, que l'on commence à voir autour de nous, dans la rue.
Des gens sans emploi, des malades pas soignés, des dépressions qui s'installent, des vieux que l'on ne visite plus, des gens sous cachets parce que très angoissés, des morts que l'on n'accompagne pas, des enfants et des adolescents masqués, du sport qu'il devient difficile de pratiquer, la fête et le spectacle quasiment interdits.
Notre pays doit se responsabiliser.
Nous devons tous nous responsabiliser.
Sous peine de le voir s'enfoncer.
Sous peine de nous voir nous enfoncer collectivement.
Dans quel état allons-nous relever ? Dans quel état ?

17 octobre 2020

Y'a des jours où on n'a pas envie de rire. Et pourtant il faudrait. Rire, encore et toujours, pour emmerder ces barbares. Ces islamistes et tous ceux qui les excusent, trouvant des justifications à cette sauvagerie de plus en plus envahissante. Qui s'attaquent partout dans le monde, jusque sur le sol français, là où nichent nos valeurs universelles et humanistes, à la vie en ce qu'elle a de plus simple.

Quand je lis que nous sommes tous complices de l'assassinat de ce professeur, je veux dire ici que certains le sont quand même un peu plus que d'autres.

Qui ferme les yeux devant l'Uoif? Qui a peur de publier les caricatures de Mahomet?

Qui abandonne les quartiers? Qui ne s'offusque plus quand des flics témoignent qu'ils ne sont pas les bienvenus dans certains quartiers dits sensibles ?

Qui?

Moi, si j'étais élue de la République, j'appellerais les autres élus de ma commune ou de mon département pour aller tous ensemble dans des quartiers-là. Ramener la République et ses valeurs partout.

Plus de complicité. Réinvestissement des territoires perdus.

Au-delà des bien jolis communiqués, allez-y : maires, présidents de collectivités, élus de partout, ex-élus même, parlementaires, unissez-vous et allez-y.

Ça tournera en boucle sur les réseaux sociaux et sur les chaînes en continu.
Montrez au peuple français que vous en avez dans la culotte.
Vive la liberté d'expression. Vive la liberté tout court. C'est ça la France.

29 octobre 2020

Cette nuit, j'ai fait un rêve. J'étais au Mama Shelter et Axel, le directeur, me disait : Chris, il faut que je te parle. C'est grave.
Je lui répondais :
Donne-moi 5 mn, faut que je prenne un bain.
J'allais dans une salle de bain du Mama. Il y avait deux bébés et de l'eau partout. Trop d'eau.
Je vidais donc, non pas la baignoire, mais la salle de bain.
Les deux bébés partaient avec l'eau... du bain !
Lina arrivait avec un grand sourire :
—Bon, maintenant K., y'a plus qu'à remplir. Le meilleur commence.

Puis Axel revenait avec les deux mamans des bébés en me rassurant :
—C'est pas grave s'il y a plus les bébés, on en commandera d'autres sur Amazon.

Et je me suis réveillée.
Dernier jour avec cette nouvelle pause. Irréelle.
Je crois sincèrement, et c'est la première fois que je l'écris, que Didier Raoult a raison quand il lance à Pujadas sur LCI mardi soir:
Mais vous voulez enfermer les gens à vie parce qu'il y a des virus ? Vous êtes tous devenus fous !

29 octobre 2020

Franchement, ça me soûle de partager du Morandini.

En revanche, le témoignage, l'analyse de Louis Fouché, médecin-réanimateur à la Conception à Marseille, il faut l'écouter, et l'entendre.

Tout y est :

—La première question qui doit être posée est celle des conflits d'intérêt des gens qui interviennent sur les plateaux médiatiques. Vous remarquerez que ça n'est jamais fait. Or, c'est la loi.

—Oui, nous sommes en tension face au virus.

-Le confinement général et généralisé est une connerie monstre: la balance risques-bénéfices est mauvaise.

—Les mesures ciblées sont décrites dans ce court extrait : protéger les plus fragiles, les personnes à risques.

—Redonner les moyens à l'hôpital public de travailler. (C'est détailler également): on aura vu avec cette crise à quel point l'hôpital public est dégradé, malgré des excellences. A force de mettre la poussière sous les tapis, hein…

—Les effets colatéraux sont et seront désastreux: des maladies et des infections pas ou traitées avec des mois de retard (Infarctus, cancers, leucémies, lymphomes etc.).

—Nos anciens qui sont isolés et qui déclinent très rapidement : c'est dramatique.

—Les enfants, notamment petits, qui grandissent dans cet environnement d'angoisse et à qui on fait l'enseignement masqué, c'est dramatique.
—Pour les personnes qui vivent avec quelqu'un de violent, c'est dramatique.
—Pour les indépendants (sport, culture etc.), commerçants, artisans, c'est dramatique.
—Enfin, laissez les médecins prescrire ce qu'ils veulent.

En résumé, ça va mal finir.
Sinon, courage et bonne journée

31 octobre 2020

Moi, je veux bien lire depuis vendredi matin: "Sauvez les libraires, n'achetez pas en ligne" etc.
Ça part d'un bon sentiment.
Je veux bien apprendre, avec ce 2e confinement, que les Français lisent 10 livres par mois qu'ils achètent, comme ils faisaient chacun 10 heures de sport hebdomadaires au moment du 1er confinement.
Juste un petit rappel : pour un auteur, un livre rapporte en moyenne 8% du prix de vente. 8% de 15 ou 20€.
Qu'il soit vendu chez votre libraire ou chez une plateforme en ligne.
On le saurait, non, si écrire des livres rapportait !
Je suis tellement heureuse de savoir que je n'entendrai plus des gens qui roulent dans des caisses à 40 000 balles, d'autres qui rentrent du ski, que non, 18€ un livre, c'est trop cher quand même !
Un livre, c'est un an, deux ans de travail. Seul à sa table, juste pour le goût de la liberté, de l'imagination, du voyage. Même si l'écrivain sait qu'il ne paiera aucune de ses factures grâce à la vente de ses livres... À quelques exceptions et tant mieux pour ces exceptions.
Alors moi, j'en ai rien à faire que vous achetiez des livres chez un libraire, sur Amazon, à Monoprix, dans une station service ou dans un salon littéraire.

Achetez des livres, abonnez-vous à la presse, et arrêtez de nous dire :
Oh t'as sorti un livre, je peux en avoir un ?
Oh tu peux m'envoyer l'article puisque toi t'es abonnée.
Ou alors, après le confinement, je vous demanderai de me donner qui ce bouquet de fleurs, qui cette petite veste qui me plaît, qui ce repas.
Ou alors, instaurons le troc pour nous en sortir. Un livre contre une pizza !
Ou alors, arrêtons la bien-pensance et cessons de monter les uns contre les autres.
Nous allons tous souffrir économiquement, mentalement, humainement de ces décisions administratives totalement absurdes. Relisez Boris Vian, tiens, il était bon pour se moquer du bizarre...
Bon week-end et bonne lecture !

Le contexte :
Journalistes de La Provence en motion de défiance

7 novembre 2020

J'en parlais récemment avec une copine journaliste à La Provence. Une excellente journaliste. On a commencé à peu près en même temps au journal. Moi, j'en suis partie. Comme tant d'autres. Elle est restée, comme tant d'autres.
Voilà un métier dont on rêvait quand on était jeune. C'était le rêve d'être journaliste. La première carte de presse, celle qui ouvre toutes les portes, y compris celles des musées (même à Venise!), elle est inoubliable.
Pour draguer, être journaliste, c'était le top.
Ou, mais ça, c'était avant.
Avant les réseaux sociaux.
Avant les chaînes en continu.
Avant les gratuits (je garde une dent contre les gratuits).
Ce métier a totalement perdu le sens et ça n'est pas la faute des ouvriers que sont finalement les journalistes. Certains ont collaboré bien sûr à des décisions qui annonçaient pourtant la perte progressive de leur influence. Ils l'ont fait pour de bonnes et de mauvaises raisons. Certains parce qu'ils étaient promus "chef de gare" pour la boucler, d'autres ne croyant pas que l'inéluctable pouvait arriver.

L'inéluctable, c'est qu'il y ait de moins en moins de lecteurs-acheteurs.
Eh oui, à force de faire croire que tout est gratuit et que tout se vaut, ben on est tous perdants.
On s'est barré tous les uns après les autres. Pour aller faire autre chose: écrire des livres, tourner des documentaires, accompagner des politiques, coacher des chefs d'entreprise, ouvrir des boutiques de déco...
Il y a de moins en moins de lecteurs qui veulent bien mettre la main au porte-monnaie.
Il y aura donc de moins en moins de journaux. De moins en moins de pluralité. De moins en moins de démocratie.
Demandez-vous un peu à qui sert tout ça et de quoi nous sommes complices en n'achetant plus le journaux, en ne lisant plus grand chose.
Ah, mais j'oubliais, du moment que vous avez un masque sur le visage, tout va bien.
Bon week-end, bon courage à mes copains de La Provence, à ceux de La Marseillaise, de Marsactu, du Ravi, de Madeinmarseille, de Destimed , du Monde, de Libé, de La Croix, etc. Bon courage à mes copains qui se battent encore pour ce métier incroyablement excitant

9 novembre 2020

"Gestion de la crise sanitaire : nos gouvernants sont des veaux."
En ce jour anniversaire de la disparition du général de Gaulle, peut-on affirmer sans être bannie de facebook ?
Quelques extraits de l'article partagé ci-dessous :
"La leçon politique de tout cela est cruelle : dans notre pays, l'État et ses dirigeants ne semblent plus disposer d'autres ressources que de faire peser sur les épaules des Français la responsabilité de la lutte contre l'épidémie. Incapables de remettre en cause leurs choix ni de réformer la machine épuisée qu'ils pilotent, enfermés dans un monde institutionnel et administratif qui s'est tant éloigné du «monde de la vie», ils en sont réduits à faire ce que fait tout pouvoir qui sent, s'il ne le voit pas, que le réel lui échappe: interdire et contraindre. Que le «tour de vis» promis aux Français fasse consensus dans la classe politique est significatif. Que pas un homme politique n'ait trouvé, depuis tant de mois, les mots puissants et solennels pour s'élever contre la batterie d'interdictions et d'obligations qui s'est abattue sur nos têtes en dit long."
Et encore :
"C'est que le «tour de vis» témoigne d'une tendance à la réduction des libertés du citoyen qui s'observe partout en Europe mais qui convient particulièrement bien à notre État omnipotent, tentaculaire et dévorateur. Ceux qui le conduisent semblent faire comme s'il n'était pas en réalité faible, pauvre, lent, tatillon, pu-

sillanime et aboulique. Comme si les graisses n'y avaient pas dévoré les muscles."
Et aussi :
"Ce réflexe étatiste a besoin, pour se déployer et se réaliser, d'une société française passive, consentante, attendant les solutions d'en haut: assujettie, en un mot. C'est ainsi que le premier ministre n'a pas craint de culpabiliser les Français en affirmant qu'ils «ont considéré un peu trop vite, malgré les discours que nous tenions, que ce virus avait disparu». Dès lors, on peut bien les astreindre à un couvre-feu, les menacer d'amendes, les surveiller avec une application numérique."
Et enfin :
"Est-ce cette inquiétude, en dernière analyse, qui motive tant de restrictions à nos libertés? «On s'était habitués à être une société d'individus libres. Mais nous sommes une nation de citoyens solidaires»: comme s'ils nous enjoignaient de choisir, ces mots humiliants, prononcés le 15 octobre par le président de la République, sont hélas un début de réponse."
Une pensée énorme pour mes camarades artistes, sportifs, chefs d'entreprises, agents immobiliers, commerçants, artisans, etc. Tous sacrifiés.

10 novembre 2020

Didier Van Cauwelaert va-t-il rejoindre le camp des complotistes, conspirationnistes après la diffusion de cette lettre bien sentie ? Welcome, camarade !

Quelques extraits : (7)

—Sur la fermeture des librairies et plus globalement des choses non-essentielles (sport, culture, fête, plaisir) :

"Comme vous l'écrit par ailleurs Florence Kammermann, « libraire de garde » à Cannes, où elle a décidé, malgré sa qualification administrative « non essentielle », de résister à l'ordre de fermeture : « En réduisant l'accès à notre culture s'étirera une fissure : la menace de perdre notre précieuse liberté d'expression. Originaire du Liban, j'ai pu mesurer combien les intégristes s'engouffrent dans les failles qu'ils trouvent. »

—Sur les chiffres et les tests :

"Non, les personnes positives aux tests PCR ne doivent pas être comptabilisées comme des malades Covid, tous les médecins le répètent : ces tests ne font qu'amplifier les traces de virus, qu'il soit vivant ou pas. Non, les patients qui, par exemple, décèdent de leucémie avec un soupçon de Covid n'ont pas à être classés d'office parmi les défunts du Covid. Et d'où sortent ces « 400 000 morts » que vous nous avez promis le 28 octobre en cas de non-reconfinement ? Est-ce une resucée des 500 000 décès que prédisait à la France, lors de la « première vague », le modèle mathématique de l'Imperial College de Londres, sur la foi duquel tant de gouvernants ont condamné leurs sujets à des mois de réclusion à domicile ? L'auteur de cette prophétie, l'épidémiologiste extralucide Neil Ferguson, passera à la postérité pour avoir garanti, d'ici à juin 2020, 100 000 morts à la Suède si elle persistait dans son refus de confiner – elle en est, le 30 octobre, à 5 938. »

—Sur le confinement :
"Ce confinement qui, comme vient de le marteler Gerd Müller, ministre allemand de la Coopération économique, causera bien plus de décès par suicide, faillite, effondrement psychologique et social que les contaminations virales qu'il est supposé empêcher. »

—Sur Macron :
"Nous avons cru en vous, si fort. Nous ne voulons pas que vous laissiez dans l'Histoire l'image injuste que vous collent d'ores et déjà tant de Français broyés, égarés par la détresse et la révolte : celle d'un maréchal Pétain soumis à l'envahisseur Big Pharma. Inspirez-vous au contraire, pour de bon, de ce héros de la France libre dont vous avez pris la pose gaullienne, le jour où vous avez déclaré la guerre au virus. Soyez celui qui délivrera la France du joug de la peur mortifère, de l'impuissance répressive, du fata-

lisme assassin – bref, de la dictature sanitaire. Il est encore temps. Sinon, d'autres le feront à votre place. »

Voilà : vous pouvez aussi lire cette lettre… ou aller vous recoucher !
Bonne journée

Le contexte :
En plein coeur du 2e confinement et alors que la vaccination entre dans l'actu, les passions s'exacerbent.

13 novembre 2020
« Si on avait voulu faire pire, on n'aurait pas fait mieux. »
C'est ça.
Il est 7h du matin et je viens de filer une tatane à la radio pour la faire taire.
—Vaccinez-vous !
—N'allez pas voir les anciens !
—Ne vous embrassez plus !
—Travaillez
—Rentrez chez vous
—Ne faites pas de sport
—N'achetez pas de livres
—N'oubliez ps vos clopes
—Fumer tue
—Un verre ça va, trois verres bonjour les dégâts
—Vous ne danserez plus
—Ne pensez pas
—Écoutez la belle parole gouvernementale qui vous dit:
—Ayez peur
—Soyez perclus d'angoisse
—Prenez un café mais chez vous

—Attention pas plus d'un kilomètre
—Gênerez votre attestation de sortie pour une heure
—Vous fêterez Noel si vous êtes gentils
—Et la saint -sylvestre si vous êtes très gentils (comprendre soumis tête baissée et aux ordres)
—Ne faites plus de sitting à la fac pour risque de sanction pénale (De toutes façons les facs sont fermées non?)
—Demandez des aides au lieu de vouloir sauver votre boîte
—Ne regardez pas Hold-up, ni Cnews
—N'écoutez pas le point hebdomadaire du Pr Raoult
—Ne regardez pas vous-mêmes les chiffres de l'insee
—Crevez à tout petits feux à force de ne plus vraiment vivre, à force de ne plus vraiment travailler, à force de ne plus tomber amoureux, à force de ne plus courir à un rendez-vous avec un nouveau béguin, à force de plus chanter en concert, à force de ne plus applaudir dans un théâtre, à force de ne plus glisser dans l'eau, à force de ne plus recevoir : Viens, je t'attends.
À force d'obéir à tout.

Et pendant cette nuit (blanche) de colère (noire), me tournait dans la tête une question. Je vous laisse y répondre :
—Si Marine Le Pen ou Jean-Luc Mélenchon, pour ne citer que les deux extrêmes de notre offre politique, avait ordonné le dixième de ce que nous imposent Le Président de la République et le gouvernement sans consultation du Parlement, que se se-

rait-il passé dans les médias, dans la rue ? Je vous le donne en mille. Je suis à peu près certaine que le terme de fascisme serait apparu au bout de 5 mn.
Sur ce, je vais aller marcher au-delà d'un kilomètre et j'emmerde Casteix et sa bride qu'il ne me mettra ni au cou ni au cerveau.
Bonne journée, lavez les mains, faites de l'exercice physique, lisez, écrivez, regardez The queen's gambit sur Netflix, prenez des photos, méditez ou faites un peu ce que vous voulez!!!
Et si quelqu'un tombe amoureux aujourd'hui ou embrasse sous un porche son nouveau béguin, qu'il ou elle en témoigne ici

171 commentaires dont
Cécile S. Que votre message me fait du bien !!!
Vive la V i E
Et n'oublions pas de réfléchir, s'instruire...
Aimer !!
Melina C. : C'est cela qui est fascinant ... nous acceptons avec une facilité déconcertante toutes ces mesures liberticides. Personnellement quand, à l'école je vois tous ces enfants avec le masque, ça me fait horreur …
Hélène V. : Des mesures liberticides ????! Venez donc partager le quotidien des soignants !!! « On crève » (et pour certains au sens propre) de ne voir que des patients atteints de Covid ! Décidément , vous osez tout !

Melina C. Hélène V. j'exprime mon opinion Madame, j'ose cela effectivement. Je n'ai à aucun moment parlé des soignants que je respecte vraiment. Mais l'année dernière à la même époque, ils étaient dans la rue à réclamer des lits et plus de moyens, le virus Coronavirus n'était pas encore là. Et c'est un vrai scandale.
Il faut raison garder Madame et prendre de la hauteur. Je pense aussi aux commerçants dits non essentiels, aux restaurateurs, aux personnes de l'événementiel, aux musées qui se meurent. Je maintiens mes propos, ne vous en déplaise.
Jean-Louis A. Maurice T. je résume votre propos, il faut renoncer à la vie sinon on en meurt. Ne faudrait-il pas qu'on aide les personnes vulnérables à se confiner en attendant le vaccin afin que 99% de la population puisse continuer à vivre ? Je fais partie du groupe des personnes vulnérables et je considère qu'il vaut mieux que je disparaisse plutôt que de ne pas pouvoir vivre ma vie comme je l'entends.
Enfin qui va payer le flot d'argent magique qui compense les pertes ? Non seulement on est privé de vivre mais en plus on va nous priver d'une partie de notre pouvoir d'achat pour rembourser. C'est Ubuesque
Nicole M. Si vous n'avez pas peur, proposez votre aide aux hôpitaux, ils recrutent à tour de bras des brancardiers etc. Au moins vous serez utile à quelque chose si vous ne voulez pas rester confinée pour casser la contagion.
Christine F-k

Nicole M. je travaille. Pas en télétravail. Je m'occupe de ma famille. Je ne sors pas et ne mets personne en danger. Je ne vois personne. Je paie des impôts depuis le premier jour où je travaille pour participer à la solidarité nationale, notamment en matière de santé et d'éducation. Culpabilisez-moi en plus du reste.
Nicole M. non, mais ça m'agace de vous voir pousser les gens à faire n'importe quoi et à ne pas respecter les consignes sanitaires.
Christine F-k
Nicole M. Mais je n'ai jamais poussé personne à faire quoi que ce soit. Je n'ai jamais écrit: faites n'importe quoi. Je dis en revanche que les mesures sanitaires et les injonctions contradictoires vont à l'encontre de ce qu'il faut faire. Sanitairement, économiquement et surtout humainement. Je pense que le masque en extérieur est inutile et pourtant je le porte. Je continue de me laver les mains chaque fois que j'arrive quelque part et croyez-moi, on n'est plus si nombreux à le faire. Mais je vais vous avouer une chose: je regrette de n'avoir pas vu ma mère pendant 7 semaines au printemps. Elle en souffre encore aujourd'hui, de cette solitude associée à la peur instrumentalisée. Je leur en veux rien que pour ça. Je pense que nous sommes très nombreux dans ce cas. Parce que pour remonter la pente de toutes ces personnes qui sont restées seules, ça va être coton. Je leur en veux pour bcp de choses qui relèvent de l'inhumanité: ne pas pouvoir visiter nos anciens, nos malades. ne pas pouvoir accompagner un dé-

funt. Moi, ce qui m'agace, c'est qu'on me prenne pour une enfant limite débile et inconsciente. Et leur peur ne me fait pas peur.

14 novembre 2020

Hier 6 kms. Et je n'ai pas tourné en rond autour de chez moi. En revanche, j'ai suivi mes pas, si je puis dire, comme le chante Etienne Daho :
Je n'attends vraiment rien
À part lire des bouquins ...
Et traîner sans raison
Et traîner sans raison
6 kms, de l'air pur sans doute
Des ruelles et des escaliers
Quelques rares personnes croisées
Des anciens qui sourient
Pour la plupart sans masque
Mais à distance raisonnable
Je leur ai souri à mon tour
Et ça nous a fait du bien
Tous ces sourires même à distance
Des vues sur la mer
La Bonne Mère
La ville
Tout à couper le souffle
6 kms hier.
Autant demain.
Pour traîner sans raison
Traîner sans raison...

PS: je sais 44 pas ce matin
Pour aller faire les crêpes à la belle enfant

Le contexte :
Suite à un reportage de BFM sur les contrôles renforcés

15 novembre 2020
—Allo ? C'est Gérald
—Oh salut ! Tu m'as vu à la télé sur BFM ? J'étais bien, non ? Ma bourgeoise a enregistré. Ça nous fera des souvenirs !
—Mais t'es con ou t'es con ?
—Pourquoi Gérald ? On fait comme il a demandé Jeannot, on vérifie les attestations !
—Mais t'es plus con que le con qui t'a fait, ce con !
Silence
—Je le crois pas ! Aller emmerder les dealers et demander leur attestation aux gonzes qui vont acheter leur barrette de shit... Je le crois pas!
—Ben on y retournera plus alors.
—Voilà, ça y est, c'est rentré dans ta tête. On fait comme on a toujours fait en France. On regarde ailleurs.
—Ok! Tu veux que je le dise à BFM du coup?
—Non non. T'en as assez fait comme ça pour le week-end. Vas plutôt emmerder les gens qui marchent en forêt.
Allez, c'est parti !

Dialogue inventé entre un Préfet de police et un ministre de l'Intérieur d'un état de droit sur la terre en 2020.

Pour une fois, merci BFM... de m'avoir bien fait rire dès le réveil dominical.

Suite à un reportage de BFM sur les contrôles renforcés

15 novembre 2020

Je vous jure : je suis assez calme. Sans traitement, hein. Mais à chaque fois que je vois la tronche de ce croque-mort qui recommence à faire les décomptes macabres et mortifères, j'ai envie de faire n'importe quoi.

Pour sortir, donc, il faut remplir un papier. Mettre un masque. Ne pas aller trop loin.

Le sport dans sa majorité est interdit. La fête est interdite. Les librairies sont fermées. Les bars et les boites de nuit vont mettre la clé sous la porte et leurs patrons hésitent entre la corde et le gaz.

Les étudiants crèvent la dalle et découvrent bien tôt dans leur vie que Coluche a inventé les Restos du cœur.

Les vrais restos, eux, restent clos.

Les anciens déclinent de solitude.

La liste des sacrifiés du COVID (sérieux mais peu létal) est infinie.

Et cette tête de truffe nous conseille de limiter le tabac et l'alcool parce que notre santé mentale serait impactée.

Sans honte, droit dans les yeux, il nous le dit.

Qu'est-ce qu'il a dû être emmerdé dans la cour de l'école pour en être là.

Bon, le matin, on commencera donc la journée avec un Irish coffee et une Gitane bien brune !

Sinon, il n'est pas interdit de lui fermer le bec (et d'éteindre la télé) et de réfléchir à ce qu'il se prépare sous nos yeux. Ouvrez-les, regardez les tweets et la communication de Christine Lagarde sur la nouvelle monnaie numérique. Lisez le site de l'Assemble nationale. Vous verrez, tout va s'éclairer d'un coup.
En attendant, sortez les glaçons: c'est l'heure de l'apéro.
À la tienne Jérôme !

29 commentaires dont
Catherine B. Ils nous préparent quelque chose de très inquiétant. Quand on aura compris, il sera trop tard.
Ingrid Q. Bon maintenant je ne les écoute plus ... car le désespoir des restaurateurs et autres qui perdent leur travail le choix d'une vie ... et tous ces gens pauvres qui mangent plus à leur faim ...
Et encore une fois le gouvernement les technocrates les élites nous prennent pour des cons !
Alors oui je bois, heureusement , ma cave a encore du bon vin ... oui je vais fumer un cigare un cohibas ... énorme en buvant du champagne et quelques cacahuètes pour pas trop me la petée ....
Mare de ne plus vivre comme je le veux.... putain de pangolin !!!!
Pas complotiste mais franchement il y de quoi le devenir avec le retrait du pognon liquide ! Plus de sous de monnaie ... mais des bitcoins oh mais quand allons nous sortir de notre sidération

pour ok les gestes barrières, le masque et puis le vaccin mais d'abord les croques morts de Véran , Castex , les députés et sénateurs les hauts fonctionnaires ... aller au charbon de l'expérimentation pas toujours les mêmes qui ont des vies bouleversées... combien de suicides , combien de maladie psychologique gravissime ... combien de faillites ...
C'est un hold up de nos vies , je voudrais un magicien pour revenir en arrière avant ce COVID .... mais ne faut-il pas vivre et apprendre à vivre avec le virus
ou ce virus est le prétexte à un changement de paradigme ... une société nouvelle avec Amazon , Carrefour et plus ni collette la libraire ni Antoine le boucher ...
À la vôtre , buvons bouffons baisons .

Hugues G. Ne pas confondre la fièvre et le thermomètre. Le virus ne connaît ni Salomon ni Veran ni Macron. Il ne connaît que ceux qui refusent de se protéger et de protéger les autres.
Christine F-k
Hugues, ne fais pas le naïf. Please, pas toi. Lis bien mon post: Christine Lagarde, l'Assemblée nationale… Une première épidémie. Une 2e épidémie (pas une 2e vague). Des tas de pays d'accord sur les mesures (et ne me parle pas de la responsabilité des états, ou sinon, on parlerait tous les jours en début des journaux de 20h des Arméniens). Bref, le monde tel qu'il change sous nos yeux

25 novembre 2020

Et que la lumière fut...
Je rêverais d'assister, cachée dans un trou de souris, à ces réunions où d'aucuns décident pour tous d'une distance et d'une durée.
—Bon les gars, 1 km, ça commence à craindre. Les gens s'agacent. Vous proposez quoi?
—On leur remet les 100 kms comme au printemps. La pilule était bien passée, non?
—100 kms? Et puis quoi encore! Pourquoi pas la liberté de circuler librement ! N'importe nawak !
—Alors combien ? 10kms?
—Puisque les Français sont sportifs, on leur donne la possibilité de faire un marathon ?
—Non non, c'est trop d'un coup. C'est comme quelqu'un qui a soif. S'il descend la bouteille d'un coup, c'est indigeste. Et nous, on est là pour prendre soin des gens et leur dire ce qui est bon pour eux.
—Alors un Demi-marathon ?
—Bingo! On part là-dessus. 20 kms.
—Et combien de temps ? 2h? 5h?
—Ni trop ni trop peu. Le temps qu'ils aillent dépenser leur pognon dans les centres commerciaux.
—3h? Une demi-heure pour y aller, pareil pour rentrer dans leur HLM. Et deux heures pour les courses. Vu qu'on laisse les restos

et les bars fermés , ils auront le temps de manger Mac Do dans leur bagnole.
—On est bien on est bien! 20 km et 3 h. Appelez Jeannot. Le titre du communiqué de presse: on desserre un peu la bride aux Français.
—Et les sondages, ça donne quoi?
—Les Français sont contents. À part les jeunes, pour le nouvel an, qui tirent la gueule. On s'en tape, les jeunes votent pas.
—Allez-y! Emballé c'est pesé !
2020, c'est bientôt fini.

Nath R. Tu es magique
Elodie F. Une magnifique photo et un régal de te lire Christine François-kirsch. J'espère te voir demain à la manif

25 novembre 2020 - Bis

J'ai une folle envie de faire un recueil des propositions les plus absurdes de cette crise sanitaire.
Vous en êtes ?
Depuis février jusqu'à « Papi et Mamie dans la cuisine » à Noël... On a de quoi créer ensemble un sacré bêtisier.
23 commentaires dont

Alida F. Excellente idée et ce n'est pas fini!!!
J'avais commencé avec sibeth mais je n'arrivais plus à suivre tellement ils sont partout

Le contexte :
Suite à l'annonce par le Premier ministre Castex sur l'AFP (**8**) : les stations de ski pourront rouvrir pendant la période des fêtes mais les remontées mécaniques resteront fermée.

26 novembre 2020
Ça va vous faire les cuisses pour monter en haut des pistes.
Le truc, c'est que si un humoriste avait écrit ce sketch, ça ne nous aurait pas faire rire. Même pas une ébauche de rictus.
Là, c'est Jeannot, le Premier ministre de notre grand pays. Vous savez, le pays des Lumières, de Jean Moulin, de Barbara et de Piaf, de Pasteur aussi.
Celui-là de pays, oui oui.
Donc Jeannot the first minister annonce sérieusement que finalement on va ouvrir les stations de ski. Qu'on pourra skier. Mais pas utiliser les « remonte -pentes ».
C'est juste génial, le surréalisme.

27 commentaires dont
JM G. Depuis les années d'enneigement défaillant, tout le monde sait (sauf la bureaucratie française) que rater la période de Noël, c'est la promesse d'une mauvaise saison au bilan. Là, on ouvre les stations, pas les équipements. Et on croit que les clients vont payer studios et hôtels au tarif haute saison pour simplement aller marcher dans la neige? Ils sont fous!

Dominique A.-L. Mais quand va t'on les virer pour non assistance à personnes en danger. Des nuls de chez très nul. Merci à ceux qui les ont élus.
Nadège L. Aberrant, navrant, consternant et décision stupide ...Tant pis, on ira en Andorre, dans les Alpes Suisse
À noter et à comprendre qu'ouvrir une station sans remontée mécanique relève uniquement d'une opération financière pour l'état qui ainsi n'aura pas à se fendre d'aides aux stations ...

28 novembre 2020

Y'a des trucs, j'comprends pas. Pourtant, mon QI n'est pas au ras des pâquerettes, je vous jure.

Pourquoi on autorise plusieurs milliers de personnes à manifester (Contre l'article 24, contre la fermeture des restos-bars-clubbing-Salles de sport-piscines etc.) et pourquoi je peux pas aller boire un whisky sour tranquille dans mes bars préférés ?
Oui pourquoi?
Pourquoi je peux pas aller nager deux fois par semaine et pourquoi je peux aller faire des courses cet après-midi dans des centres commerciaux bondés ?
Oui, pourquoi?
Pourquoi je peux pas aller à plus de 20 kms marcher dans les collines alors que je peux aller bosser en métro ?
Oui pourquoi ?
Pourquoi les hôtels et les restos sont fermés alors que je trouve devant la porte d'immeubles des sachets vides de Burger King et Mac Do?
Oui pourquoi?
Pourquoi je peux aller acheter des barrettes de shit (beurk) du moment que je suis masquée et pourquoi je peux pas aller faire un cours de Pilates pour doper mon immunité ?
Oui pourquoi?
Une liste infinie spéciale dédicace à l'administration française.
Vivement bientôt…

26 commentaires dont

Pascale F. « La gestion d'une épidémie n'est pas une simple affaire médicale. Elle est le reflet, et bien souvent le vecteur, d'un projet politique. Michel Foucault, dans les premières pages de son « Histoire de la folie », avait ainsi décrit les léproseries du Moyen Age comme des machines à ségrégation sociale qui inventèrent l'exclu, « cette figure insistante et redoutable qu'on n'écarte pas sans avoir tracé autour d'elle un cercle sacré ». Face au coronavirus, on voit apparaître aujourd'hui trois gouvernances possibles : la surveillance, la frontière et le savon. Ne nous trompons pas de modèle ... »perso j'ai l'intime conviction que 2021 sera une année d'insurrection a partie de Février ....donc ces manifestations ne sont que les prémices du sunami qui se prépare .. malheureusement…

Le contexte :

« Les riches forment une grande famille, un peu fermée certes, mais les pauvres, pour peu qu'on les y pousse, ne demanderaient pas mieux d'en faire partie ! ».
Desproges disait ça. Je suis nostalgique ce matin de l'intelligence de nos humoristes.
Ce post fait suite à la lecture d'une tribune de Guillaume Meurice sur les petits patrons. **(9)**

3 décembre 2020

Quand j'ai appris la mort de VGE, j'ai pensé à Le Luron, à Desproges, à Coluche, au Canard Enchaîné. À ces esprits fulgurants et drôles, qui racontaient une époque. Celle pendant laquelle j'étais petite fille.
Et puis j'ai lu ça, juste après m'être remémorée ces années 70 sublimes et subtiles.
Guillaume Meurice. Les années 2020.
J'ai lu, atterrée tellement c'est nul. Le mec, t'as presque envie de lui offrir Karl Marx pour les Nuls ou la biographie de Georges Marchais.
Eh, Coco d'opérette, si on te prend au mot et que chacun se démerde, surtout ces salauds de petits patrons (chez qui tu vas bouffer le midi en faisant des notes de frais, évidemment), on supprime la redevance qui paie ton salaire de mauvais pitre sur France Inter?

32 commentaires dont
Sarah B. Oh lui c'est vraiment une petite fiente ....Guillaume Maurice est un peu aux humoristes ce que Yann Barthes est au journalisme une espèce de résidu à mettre à la déchèterie car il n'y a pas de possibilité de recyclage ...
Pardon mais la gauche moralisatrice de st Germain des Prés
Christian D. Je te trouve un peu sévère avec Guillaume Meurice, même si je le préfère à l'oral qu'à l'écrit.
Mais est-ce seulement d'humour dont on parle dans la comparaison avec l'immense Desproges? Le premier met en scène des riches qui voient dans les pauvres des losers. Le second imagine que les pauvres sont jaloux des riches. Question de point de vue.
Christine F-k
Christian D. Oh non, j'ai même retenu les chevaux, je t'assure. Les gens comme lui desservent la cause qu'ils croient défendre. Ils n'ont rien de gauche. Rien. Ce sont des petits fascistes en culottes courtes qui n'ont aucune idée de la société dans laquelle nous vivons: ni celle des petits patrons, des petits entrepreneurs, ni celle de ceux qui sont, comme on dit, éloignés de l'emploi pour des tonnes de raisons (santé, échec scolaire, culture, religion, accidents de vie, psy etc.). Je vais même te dire, ils font honte à la gauche et à ce qu'elles devrait continuer de défendre.

10 décembre 2020

4 degrés ce matin à 8h sur le scooter en bord de mer.
Un ciel merveilleusement poétique.
Une sensation similaire à ce qu'on peut ressentir à la montagne.
Quand on prend le premier télésiège pour monter tout en haut de la station. Sans personne.
On a froid, un peu. Ça pique. Mais c'est bon.
On Respire du bonheur, de la joie, on fabrique de l'immunité en soi, juste en regardant par les fenêtres ce ciel purple. Juste en roulant sur un scooter. Juste en imaginant. Juste en rêvant un peu. Juste en échappant à la folie du monde pour lui préférer la beauté paisible.
De l'immunité naturelle. Si nos gouvernants apprennent ça, ça va chauffer pour mon matricule. De l'immunité naturelle...
Belle journée à tout le monde.

12 décembre 2020

Le truc, quand vous accompagnez quelqu'un de proche (pour une fracture, ma maman) aux urgences puis à l'hôpital, c'est que vous touchez du doigt la réalité. Vraiment.

Il est donc interdit de rendre visite à un proche. Pour cause de Covid.

Hier, dans l'un des plus grands hôpitaux de la 2e ville de France (Je ne dirai pas lequel pour ne pas embarrasser le personnel soignant), j'apportais les papiers pour l'admission. J'étais dans le couloir. J'attendais sagement qu'on s'occupe de moi.

Attention, on n'était pas dans une ambiance type Urgences, hein. Calme. Silencieux presque.

Arrivent deux infirmières et un jeune homme, stagiaire. Qui se mettent à discuter avec d'autres infirmières de l'étage.

Je capte leurs conversations, presque involontairement.

—Salut, tu peux prendre le stagiaire, parce que j'ai rien à lui faire faire.

—Arrête, quand même, t'es en Covid.

—Sérieux, grave, j'ai un patient qui sort. Au final il m'en reste un.

—Ah ouais, trop cool.

—Ben non, grave, on s'emmerde. Heureusement que je travaille pas ce week-end.

—Grave.

J'ai dû faire les gros yeux. Une personne en unité Covid. Une personne. Tant mieux me direz-vous.
J'ai réussi à aller voir ma maman. Au bout d'un moment, rentre dans la chambre une énième infirmière. Qui me dit, limite menaçante prête à sortir le fouet :
—Vous n'avez pas le droit d'être là vous savez.
—Écoutez, je suis à deux mètres de ma mère, je me suis lavée les mains 4 fois depuis que je suis entrée dans l'hôpital, je porte le masque. Un peu d'humanité ne nuit pas au moral des troupes, vous ne croyez pas?
—Mais si la direction l'apprend, c'est pour nous.
—La direction, elle est au courant qu'il ne reste qu'une personne en unité Covid?
—C'est bon, restez.
Simple anecdote. Mais la réalité dans un grand hôpital marseillais.
Il y en aura d'autres, des anecdotes, je le sens…

63 commentaires dont
Valérie D.-D. Je t'entends d'ici... !!!
Je me régale
Bisous
Nicole S. Eh oui, on brandit la Covid sous notre nez comme l'épée de Damoclès mais il n'y a pas tant de malades en unité

Covid, aux dires du personnel d'un grand hôpital marseillais, en bordure d'une autoroute.
Sabine D. Il en faudrait plus de témoignages comme le vôtre ... pour faire prendre conscience

14 décembre 2020

Au moment de la vente de notre maison et de l'achat de cet appartement que j'ai surnommé Key West, j'écrivais des chroniques sur nos mésaventures avec les banques, les assurances et ce monde opaque de la toute petite finance. Je recevais beaucoup de messages me conseillant de poursuivre et même d'en faire un livre. Un livre sur les ravages de l'Administration. Ravages ou travers.

La nouvelle aventure passe cette semaine par l'hôpital. Et pour reprendre cette expression qu'utilisait mon papa, « C'est pas piqué des vers ».

Car avez-vous déjà essayé de joindre quelqu'un par téléphone... puisque les visites sont interdites... en raison d'un virus. LE virus.

—Hopital xxx Bonjour
—Ah bonjour je voudrais parler à...
—Si vous appelez pour une hospitalisation, dites hospitalisation. Si vous appelez pour un rendez-vous, dites rendez-vous. Si vous appelez pour joindre un patient, dites patient.

Merde, c'est un disque.

—Patient.
—Je n'ai pas bien compris votre demande. Si vous appelez pour...

—PATIENT
—J'ai bien compris votre demande : vous voulez joindre un patient.
—Oui.
—Je n'ai pas bien compris.
—OUI. YES.
—Donnez le nom et le prénom, dans cet ordre.
—François Denise
—Je n'ai pas bien compris. Donnez d'abord le nom puis le prénom.

Là, j'ai eu envie de donner le nom du président malgache: Rakotoarimàana Rajonarimampiàina Henri Martial.
Pour voir.
Le disque m'a finalement, après moultes tentatives, passé le service. Un bon quart d'heure déjà à causer avec une voix enregistrée pour arriver à un être humain.
—Bonjour, je suis la fille de Mme François. Pourriez-vous me la passer rapidement s'il vous plaît ?
—Ah mais non. Les appels sont interdits.

C'est à cet instant précis que j'ai senti ma patience s'échapper de moi par chaque pore de ma peau.

—Les visites sont interdites. Les appels sont interdits. Le téléphone ne fonctionne pas dans la chambre de ma mère. Ça fait un peu beaucoup non?
—Ah mais vous croyez que c'est facile pour nous?
Triangle dramatique bonjour...
—Écoutez mademoiselle, je n'appelle pas toutes les heures je veux juste réconforter ma maman. Sa chambre est à dix mètres du bureau des infirmières. Franchement c'est pas la mer à boire ni à traverser...
J'ai parlé avec ma maman. Elle était contente. Je lui ai dit:
—Remercie bien l'infirmière, hein...
On a raccroché.
Mon téléphone a sonné deux minutes plus tard.
Hopital xxx.
—Bonjour c'est l'infirmière de tout à l'heure. Je suis désolée. Venez voir votre maman demain. On fait une exception !
—Encore une exception ?

Je l'ai remerciée et on a discuté un peu. Des ordres délirants des chefs, des cadres. Ceux qui n'ont pas vu un patient depuis si longtemps. Un patient qui patiente vraiment.
Hier j'ai pu voir ma maman.
Elle était très contente. Rassurée.
Voilà, il faut toujours aller chercher la douceur et l'humanité là où elles se nichent, même loin de la surface parfois.

Le contexte :
Une émission de télé mise en scène par Muriel Robin et à laquelle participe Roselyne Bachelot, ancienne ministre de la Santé puis de la Culture.

22 décembre 2020

Oui, là, au fond, au milieu, entre Muriel Robin et Yves Rénier.
Oui, c'est bien la ministre de la Culture. L'ancienne ministre de la Santé.
Qui se marre, qui fait l'actrice. Qui fait le show. Qui fait la saltimbanque. Qui fait la clown. Qui fait la pitre.
Elle a bien trouvé sa place. Enfin!
Mme Roselyne Bachelot fait la pitre alors que le monde de la culture meurt.
Lisez cet extrait du Figaro de la semaine dernière :
"Les chiffres, pour un secteur qui emploie 450.000 personnes, sont pourtant catastrophiques: en huit mois, les cinémas ont perdu 65 % de leur fréquentation, soit 950 millions d'euros. Faute de concerts, producteurs et propriétaires des salles de spectacles privées ont vu leur chiffre d'affaires fondre de 84%, soit tout de même 2,3 milliards d'euros. Les fêtes de fin d'année, considérées par tous comme un moment clé pour sortir, auraient permis de relever la tête."
Les intermittents, les artistes, les non-essentiels meurent et leur ministre fait la pitre sur TF1.

Bientôt, on verra Roselyne sur un dance-floor pendant que les boîtes de nuit mettent la clé sous la porte.
Puis Roselyne se filmera en train de faire du Pilates alors que les gérants de salles de sport crèvent économiquement et sautillent sur place, empêchés qu'ils sont de travailler et d'aider les gens à fabriquer de l'immunité, un peu de sérotonomie et de dopamine gratuitement.
Au fait, combien elle nous avait coûté combien, Roselyne, en 2009 avec le H1-N1 : 400 millions d'euros.
Finalement, qu'elle continue de faire la pitre sur des plateau de tournage ! C'est plus économique pour les finances de l'Etat.

30 commentaires dont
Cedric D. Christine François-kirsch 1: cela date de janvier 2020; de 2: je trouve cela un peu démagogique... À ce compte là on va dire à l'ensemble des conseillers municipaux, élus ... d'arrêter de boire du champagne ou manger du fois gras ... parce que nous sommes l'une des villes les plus pauvres de France.
En revanche sur la détresse du monde de la culture je suis totalement d'accord avec toi ...
Christine F-k
Cedric D. Non. Qu'ils arrêtent de se mettre en scène en revanche, oui. Ils ne sont pas élus pour ça. Surtout pas en temps de crise économique et sociale aussi grave. Bref, on n'est pas à Copenhague, hein!

Le contexte :
Une infographie parue dans le quotidien Aujourd'hui en France sur les bons gestes à tenir pour le repas de Noël.
Dont :
« Garder son masque quand on cuisine et ne pas goûter pas les plats
A table six maximum
Désigner une personne préposée au vin et une autre au service pour limiter les manipulations
A minuit, on peut se prendre dans les bras en étant mesuré et pas de chants (en gras !)

24 décembre 2020
On me dit que cette infographie est parue dans Aujourd'hui en France. Ils sont définitivement délirants.
Je n'ai plus de carte de presse mais mes conseils sont les suivants :
Aimez-vous
Trinquez
Chantez, sous la pluie ou pas
Souriez et riez
Si vous êtes seul, resservez vous du champagne ou même du Banga
Enlacez vos enfants, vos maris, vos femmes, vos amant(e)s
Reprenez de la bûche

Soyez gentils avec vos anciens
Pensez au verre de lait au pied du sapin
Faites des projets et des rêves
Et emmerdez la maréchaussée !
Joyeux noël à tous.

31 décembre 2020

2020 s'en va. Franchement, pas mécontente que 2020 se barre. Quand j'étais enfant, on redoutait ou on attendait 2000. L'an 2000.
Celui-là était finalement passé comme une lettre à la poste (mieux en fait, la poste étant devenue une calamité).
Mais 2020, mazette.
Vous en gardez quoi de cette année de merde?
De mon côté, un petit d'homme arrivé dans la famille.
Une belle enfant qui grandit merveilleusement
Un darling husband qui m'aime et que j'aime plus et mieux qu'au premier instant
Des amis fidèles, drôles et courageux
Des photos et des étreintes dans le quartier du Panier
Des câlins de paillette the cat
Des lignes d'écriture poétiques
Des selfies très mélancoliques
Des livres engloutis
Un livre en cours et deux livrets « K & L se baladent »
Des kilomètres et des kilomètres de marche
Des cafés -refuge quand ils étaient ouverts
De la lucidité, beaucoup de lucidité
Des rêves et des projets pour après
Des rencontres et des audaces politiques et humaines.

2020 est presque fini et je crains que 2021 soit très compliqué collectivement : je m'y prépare. Et vous ?
Go go !

2021

L'année du grand n'importe quoi

1er janvier 2021

Je ne souhaite à personne le paradis mais des moments de paix, de douceur, des mots doux, et bleus bien sûr, des arbres et des chemins de traverse.

Je vous souhaite une année 2021 lumineuse, tendre, à distance des toxiques en tout genre, intègre, alignée, instinctive.

Je "nous" souhaite 2021 en santé, en rires, en étreintes enfin, en baisers tendres, en sourires sur les visages que. nous croiserons.

Le contexte :
Une tribune écrite par Céline Pina

2 janvier 2021

Ça fait mal mais regarder la réalité bien droit dans les yeux est souvent la seule possibilité de sauver ses miches.
Céline Pina (**10**) a écrit un texte d'une justesse incroyable. Elle a peut-être oublié de citer le scandale d'état que sont les Ehpads et la façon dont on traite dans ce pays les vieux (On est jeunes, on est vieux, et arrêtons avec ces termes en faux-semblants, genre seniors où je ne sais quel autre terme de médiocres communicants).
Elle a aussi omis la dette colossale de la France et des principales banques. Et de se souvenir de Chypre, de la Grèce ou de l'Espagne il y a seulement quelques petites années en arrière.
Le train est lancé à toute vitesse.
Sauvez vos miches, privilégiez ces petits riens qui font la douceur de vivre. Occupez-vous de ceux que vous aimez. De vous en premier : on va me répondre que je suis pessimiste. Non non, lucide seulement.
Go go !

« J'aimerais vraiment écrire que 2021 sera meilleur que 2020 pour la France et le monde mais je n'en crois pas un mot. Et je ne sais pas écrire ce que je ne pense pas.

Individuellement je vous souhaite à tous le meilleur mais à part l'arrivée du vaccin, ce qui se profile cette année est plutôt violent.
C'est au premier trimestre que les faillites et cessations d'activité devraient tomber comme à Gravelotte entraînant chômage, fermeture d'activités, désertification des centres de petites villes et de villes moyennes.
La misère sociale et la disparition de nombre de lieux de convivialité que sont les bars et les restaurants devraient encore renforcer le sentiment d'abandon des personnes et des territoires.
Mais surtout, on devrait voir la fin du « quoi qu'il en coûte » et je crains que pour ceux qui espèrent un annulement des dettes, le réel ne les détrompe rapidement.
Il y a beaucoup d'argent à se faire en bradant la solidarité pour favoriser les assurances privées. Retraites, système de santé, chômage... je crains que notre sécurité sociale ne serve de variable d'ajustement à la crise financière.
L'hôpital en est une des preuves. En pleine crise sanitaire, les fermetures de lits se poursuivent et la question du recrutement du personnel nécessaire n'est toujours pas à l'ordre du jour. La santé en France est depuis longtemps à deux vitesses, l'accompagnement des malades est de plus en plus médiocre et cette crise devrait encore s'accentuer en 2021.
L'éducation offre aussi un vaste champ à donner en gage à des financiers sans âme. L'enseignement peut être une mine d'or s'il

ne se soucie que de capter les rejetons de l'élite et de ceux qui rêvent d'y accéder. L'enseignement public se dégrade entre absence de discipline, idéologie égalitaire, refus des classes de niveau, absence de rigueur des enseignements et liberté pédagogique qui confine au grand n'importe quoi. Résultat la France est dans le peloton de queue du classement et tous ceux qui en ont les moyens cherchent des solutions dans le privé pour faire échapper leurs enfants à une baisse de niveau qu'ils constatent et que les études confirment. Or renoncer à l'exigence dans l'enseignement c'est achever un idéal de justice par la reconnaissance du mérite et bloquer l'ascenseur social.

Le service public est de moins en moins un capital que la France transmet à ses enfants, le capital de ceux qui n'en ont pas et de plus en plus un pis-aller où les salaires sont médiocres, les moyens pas à la hauteur et les exigences, basses. Ce mouvement devrait s'accentuer en 2021. Or l'idéal républicain est appuyé sur la force du service public et le sens de l'intérêt général de ses agents. Mettre à mal le service public est la meilleure façon de trahir la promesse républicaine.

Lors du premier confinement, la France souffrait mais pouvait nourrir l'espoir du changement. A l'époque les pouvoirs publics renouaient avec l'idée de souveraineté. On reparlait réindustrialisation, relocalisation, protection du peuple, réaménagement du territoire, planification... Depuis, ce discours a disparu et les enfants terribles de la Macronie ont retrouvé leur discours hors

sol de rejet de la Nation, refus des frontières et soumission à la logique de mondialisation. Ils risquent de n'avoir d'autres discours pour 2021 que le retour de la rigueur alors que nous serons en plein effondrement économique. Cela risque de fortement coincer. Les gilets jaunes risquent de ne pas chômer en 2021 et de réincarner le ras-le-bol social aux yeux du peuple.
Misère sociale, crise économique et par dessus, crise politique. De la gestion des masques au démarrage de la campagne de vaccination, l'incompétence d'une institution aussi importante que le ministère de la Santé a surpris. Bureaucratie, prétention et incompétence ont accompagné la gestion de la crise. Non seulement l'image du gouvernement n'en est pas sortie intacte mais l'appréciation de la qualité de nos hauts-fonctionnaires a été aussi fortement impactée. La confiance du pays est au plus bas.
Enfin notre gouvernement accentue les faiblesses de notre pays, lequel devrait continuer à subir terrorisme et poursuite de l'œuvre de déstabilisation de notre contrat social par les islamistes et leurs alliés racialistes. Peut-être souhaite-t'il sincèrement agir, mais le Président n'a aucune ligne politique. Il n'est pas l'homme du régalien quand la France en a désespérément besoin. Incapable d'avoir une ligne claire il donne des gages à tous les camps. C'est ainsi qu'il dissout le CCIF et BarakaCity mais laisse les frères musulmans, islamistes violents aux desseins politiques destructeurs devenir ses interlocuteurs. Pire

même avec la création d'un islam de France et d'une taxe hallal, il pourrait leur donner les moyens de créer une contre-société communautariste ayant vocation à détruire ce que nous sommes en tant que Nation.
De la même façon en ne sanctionnant jamais ceux de ses agents qui tiennent un discours très violent sur une France raciste et intolérante qui n'existe pas dans les faits, le gouvernement refuse de se positionner. Comment comprendre la ligne politique d'un pays quand le Président et ses ministres reprennent les termes de ceux qui vomissent la France et sont les meilleurs alliés de l'islam politique ? La reprise des éléments de langage des racialistes par le gouvernement autour du « privilège blanc » est une faute. Comment combattre les ennemis de la République si le fait de cracher sur les valeurs universelles vous permet d'accéder à des postes confortables et payés par nos impôts. C'est le cas à l'Opera de Paris et pour nombre de nominations culturelles. Or le culturel est, avec l'Université, bien gangrenée aussi, un des lieux où se forgent les représentations et où les éléments de langage des ennemis de la démocratie et de la République sont très diffusés.
Les individus ont le droit de se battre pour leurs idées, même quand elles sont contraires à la civilisation, à la justice, à l'égalité ou à la liberté, mais pas au sein de nos institutions, avec les moyens de la France et grâce à l'argent des citoyens. Nos insti-

tutions doivent refléter nos valeurs, pas être des miradors d'où l'on tire sur le cœur de la citoyenneté.
Visiblement nos représentants ne comprennent pas cela et offrent pouvoir et visibilité à des personnes qui pourtant détestent ce que nous sommes en tant que peuple et culture.
Le « en même temps » n'est pas une posture crédible et elle est en train d'affaiblir notre pays et nos institutions. J'ai cru cette année que notre président allait acquérir une stature d'homme d'Etat avec le traumatisme de l'assassinat de Samuel Paty. Mais il est très vite retombé dans son péché originel : un discours par interlocuteur, une affirmation un jour, son contraire le lendemain, d'où un positionnement illisible.
Alors que souhaiter pour 2021 ?
Que le Président, ses ministres et son parti délaissent l'amateurisme et se hissent au niveau de leur devoir ? Après cette année où ni la crise sanitaire, ni le procès du massacre de Charlie, ni la décapitation d'un professeur n'ont donné lieu à une succession d'actes forts et cohérents, j'ai du mal à le croire.
Alors pour 2021, je souhaite juste me tromper, voir toutes mes analyses démenties, me révéler piètre prophète et misérable prédicatrice. Une belle année vaut bien quelques blessures d'amour propre, si c'est pour notre bien commun.

Maurice B. Vous avez raison, ça fait trente ans qu'ils (les politiciens et autres chroniqueurs patentés multi-médias) nous ex-

pliquent que ça ira mieux demain. Mieux, Jacques Chirac nous a annoncé le bout du tunnel , en 1974 s'attirant cette verte réplique du secrétaire général de la CGT, Georges Séguy : « S'il voit le bout du tunnel, c'est qu'il marche à reculons. Et d'autres reprendront l'expression et nous annoncerons sous d'autres formes plus ou moins imagées de la sortie de crise de la France.

3 janvier 2021

Je les entends, je les lis, les pères la morale et les mères la pudeur. Quand les jeunes se plaignent qu'on leur vole leur jeunesse avec ces mesures de confinement et de couvre-feu ubuesques.
Moi, ce que je vois, ce sont ces jeunes qui ne peuvent plus pratiquer leur passion. Qui ne se confrontent plus en concours à la peur, à la performance. Au plaisir aussi. Au collectif, à l'esprit d'équipe et de solidarité.
Qui n'ont plus cet équilibre qui les prépare à être des adultes formidables.
Le dernier concours de Lucie, c'était le 28 juin 2020.
En semaine, elle ne pourra plus monter Tony, son cheval : jusqu'à quand ?
En revanche, et je l'ai déjà écrit, tous les jours je vois des jeunes s'engraisser en se gavant de Burgers Kings et de Mac Do.
Mais quel monde et quelle époque de tarés.
Go go ma belle enfant : on va s'en sortir !

23 commentaires dont
François M.-P. Une société qui méprise sa jeunesse, qui refuse la mort à ses vieux et qui monte les générations les unes contre les autres est elle civilisée ou barbare ?
Catherine B. Scandaleux! Je vous approuve à cent pour cent. D'autre part, s'il était vraiment question de mesures sanitaires, ne serait-il pas plus salutaire d'interdire les MacDo et de permettre

aux jeunes (et vieux) de faire des sports de plein-air? On nous ment à longueur de temps. Les enjeux ne sont pas sanitaires, mais économiques.

4 janvier 2021

C'est Lacan qui disait à propos de l'amour:
« C'est donner ce qu'on n'a pas à quelqu'un qui n'en veut pas. »
Certains font une analogie au sujet des vaccins et de l'Administration française. Les Français auraient l'esprit si contradictoire qu'ils réclameraient un vaccin rendu indisponible par une administration délirante.
Il disait aussi cela:
« L'acte ne réussit jamais si bien qu'à rater. »
Message pour Jeannot la science, Veran le mytho et Manu qui fait sa grosse colère.
Bonne semaine avec cette autre citation, cette fois-ci d'Oscar Wilde:
« Vivre est ce qu'il y a de plus beau au monde; la plupart des gens existent, c'est tout. »
2021.

Le contexte :
Agnès Buzyn, ancienne ministre de la Santé, celle qui a interdit l'hydroxychloroquine, est nommée à l'OMS à Genève pour un salaire mensuel de 15 000 euros.

6 janvier 2021

Chez le charlatan marseillais, on explique ce qu'est un conflit d'intérêt. Mais pas que. On signe, on déclare. Bref, on est clean.
Pendant ce temps-là, on apprend qu'Agnès Buzyn est nommée au cabinet du directeur général de l'OMS, pour 15 000 balles par mois.
Agnès Buzyn, ancienne ministre de la Santé, juste avant Véran ; celle qui a pleuré dans les colonnes *du Monde*. Celle qui a déserté pour aller faire la campagne de Paris, avec le succès qu'on lui connaît.
On apprend que la stratégie vaccinale, en termes de logistique, est confiée à une boîte américaine, MacKinsey, dont le fils Fabius, Victor pour ne pas le nommer, est directeur associé. Une saga bien française, là encore.
Le père Laurent, épinglé pour l'affaire dite du sang contaminée. Une belle réussite française là encore. Vous me direz, on n'est pas responsable de ses parents.
La semaine où l'épidémiologiste Karine Lacombe, favorable au Remdivisir au printemps, a été décorée de la Légion d'honneur. La même qui est financièrement liée au laboratoire Gilead et à

d'autres labos sans le dire à chaque début d'interview (ce qu'oblige la loi).

Je pourrais ainsi continuer un inventaire à la Prévert de la liste de celles et ceux qui s'amusent et s'enrichissent avec la démocratie, sur le dos du peuple.

Merci à l'IHU du travail réalisé.

Il y a là-dedans un peu d'éthique et ça fait du bien.

8 janvier 2021

Nous sommes en plein triangle dramatique depuis mars.
Couvre-feu à 18h étendu.
Agonie des "petits" entrepreneurs.
Aides de l'Etat pour que ça dure plus longtemps.
Victimes
Sauveteurs
Persécuteurs
Ça commence vraiment à se voir, non, cette perversion ?

Le contexte :
Une photo du métro parisien bondé et une caricature du même métro bondé avec une annonce de la RAPT : couvre-feu dans 10 minutes.

15 janvier 2021
Photo métro bondé et gens masqués et dessin métro bondé avec annonce « Couvre-feu dans dix minutes »
Une caricature, ça sert à grossir un trait. Avec la fine équipe Castex, Veran, Salomon & co, la réalité suffit. Des métros bondés et des rideaux de restos fermés. Des gens collés-serrés pour le « métro-boulot-dodo » et l'interdiction de danser des slows.
La vérité n'est jamais amusante : sans cela, tout le monde la dirait !

20 commentaires dont
Jean J. "La vérité n'est jamais amusante : sans cela, tout le monde la dirait !", écrivez-vous.
Pouvez-vous m'expliquer le sens de votre phrase qui fait me poser une question : la situation de crise sanitaire actuelle serait donc amusante par rapport à la vérité dont vous parlez qui, elle ne le serait pas ? De quelle vérité parlez-vous ?
Christine F-k
Jean J. Je ne parle plus au premier degré ni aux angoisses existentielles des uns et des autres.

Je ne suis pas psy, juste j'essaie de faire au mieux, parfois de faire sourire, de donner de la tendresse et même, comblée du crime potentiel, d'enlacer et d'étreindre mes proches. C'est une citation d'Audiard, le père, même si le fils est très bien aussi. Bon week-end à vous.
Nicolas V. Je prends le métro tous les jours. Ils ne sont pas bondés ainsi. Si ça arrive sur tel ou tel RER parfois, il ne faut pas en faire une généralité et une polémique vaine.
Christine F-k
Nicolas V. On pourrait dire pareil des boîtes de nuit alors? Des concerts. Des cinémas Non? Ah pardon c'est pas pareil et c'est polémique.
Nicolas V. Christine F.-k. rien à voir. Un ciné , vous êtes assis pendant 2h à côté de qqn.
C est pourtant facile à comprendre.
Et moi j ai besoin de prendre le métro pour exercer mon travail de pro de santé.
Sinon payez moi le taxi tous les jours.
Agissez madame.
Christine F-k
Nicolas Vasseur Donnez-moi votre RIB.
Maurice B. Nicolas V. Si vous êtes un professionnel de la santé, alors c'est au Ministère de la santé à travers la sécu ou votre employeur qui doit vous payer le taxi... et s'ils le font, ce sera avec l'argent de nos cotisations sociales ou autres impôts et contribu-

tions... Vous voyez que nous agissons pour vous et d'autres personnels de santé mais vous semblez l'ignorer.
Eric F. Nicolas , je me permets d intervenir. C'est juste une métaphore pour dénoncer l'absurdité des ces décisions .
Un cinéma avec un siège sur deux et une bonne ventilation ce n'est pas possible, un métro ou un RER bondé aux heures de pointe, c'est possible.
Un musée avec une jauge contrôlée, ce n'est pas possible, un centre commercial bondé, c'est possible.
Etc.
On vit en Absurdistan , je confirme.

24 janvier 2021

Je vais créer une association de renaissance du slow. À l'heure des gestes-barrière. Des distanciations physiques et sociales. De Meetoo. De l'interdiction *des Aristochats* au moins de 10 ans pour des questions raciales.

Je vais monter cette asso si essentielle pour imaginer qu'on va à nouveau se coller-serrer.

Je veux juste vivre dans une société où, putain de bordel de merde, dreams are my reality. Où Vic-Sophie Marceau sera présidente de la République et pas Anne Hidalgo ou Valérie Pécresse.

Je veux sentir contre moi les gens que j'aime. Et même parfois celles et ceux que j'aime un peu moins...

Parce que vous savez quoi :

On ira, où tu voudras quand tu voudras

Et l'on s'aimera encore

Lorsque l'amour sera mort.

2 février 2021

J'entends ici ou là que le vent tourne. On préconise maintenant la vitamine D et même le zinc.
Il paraît que le Remdesivir, c'est pas bon du tout.
Que le sport c'est super.
Que le confinement ne sert à rien sinon à aggraver la situation des troupes.
Oui, le vent va tourner et les girouettes avec.
Moi, je regarde le ciel
Les mains tendues vers toi
Et j'écoute Christophe et le bel Étienne Daho et Grandbrothers.
Et la journée est belle. Vraiment belle.

Le contexte :
Un article de Var-matin sur la comptabilité des morts « du » Covid et « avec » Covid…
« Ces défunts classés morts covid alors qu'ils sont probablement morts d'autre chose : le désarroi des familles » **(11)**

2 février 2021
Var-Matin, ce journal complotiste et conspirationniste bien connu de Conspiracywatch...
Voilà des mois que l'on entend des témoignages de proches de défunts, de médecins, de pharmaciens, de particuliers évoquant ceci : avec le Covid, pas forcément avec le Covid, mais inscrits comme "morts du Covid".
Abusivement.
Comme avait dit le prix Nobel de football munichois Franck Ribery : *"J'espère que la routourne va vite tourner."*
Et évidemment, on continue de très bien et très souvent se laver les mains !

9 février 2021

Le monsieur avec la barbichette (Burger King), j'ai l'impression paranoïaque qu'il nous nargue ouvertement depuis pas mal de mois. Il faut dire qu'il fait un carton ! Il a de quoi se fendre la poire ! Pas un resto ouvert. Pas un troquet où grignoter un sandwich, s'embrasser dans les coins et jouer au flipper.

On joue encore au flipper en 2021 ?

Alors, tous les jours, les lycéens et sans doute quelques collégiens, bouffent de la merde.

Une fois de temps en temps, un cheeseburger ou des nuggets, c'est top. C'est mal mais c'est top.

Tous les jours que dieu fasse, c'est mal et c'est pas top du tout pour la peau, le transit, les artères, la forme, les cheveux. Bref, manger degueu tous les midis nous préparent une belle génération d'obèses, diabétiques, gras du bide et incapables de monter un étage sans souffler comme un bœuf. Et je ne vous parle même pas de performance in bed, hein...

Pendant ce temps, on a un président de la République qui nous fait une belle communication sur le plan cancer, applaudi par les associations.

Y'a définitivement quelque chose de pourri au pays de la gastronomie !

Le contexte :
Après la reprise, pardon le massacre de « Ne me quitte pas » par Camelia Jordana et Yseult.

15 février 2021
https://www.youtube.com/watch?v=kFtfhBram9U **(12)**
On me dit qu'une reprise de *"Ne me quitte pas"* aurait été massacrée sur Taratata par Camelia Jordana, la chanteuse racisée (c'est elle qui parle d'elle ainsi) et une certaine Yseult (sans Tristan, je crois, si j'ai bien suivi).
Et puis il y a le génie : Rodolphe Burger, un ami de Christophe, qui avait repris le « *Cantique des cantiques* » pour le mariage d'Alain Bashung.
Je le jure sur la tête de qui veut, si Camélia Jordana et Yseult osent reprendre du Christophe, du Bashung ou du Rodolphe Burger, je mets un contrat sur leurs têtes de bouffonnes, racisées ou pas. Je connais du monde dans les quartiers…
En attendant, je vous invite à prendre le temps d'écouter cette pure merveille, notamment à partir de la 19e minute. À vous laisser porter, bercer, enivrer, par la cithare, la voix grave de l'un, l'autre voix, chaude, la 3e envoûtante.
Et de ressentir la joie, cette émotion ultime.
Personnellement, j'en ai pleuré.

Le contexte :
Suite à un reportage sur France 3 (**13**) : « Je suis pour laisser vivre les gens qui ne sont pas à risques » : le coup de gueule d'un médecin toulousain.

1er mars 2021
Il est bien ce médecin. Vraiment bien. Ça commence un peu à se réveiller...
Il en aura fallu du temps, quand même.
On n'est pas au bout de nos peines.
Continuons.
Soignons.
Faisons du sport, de la méditation, des balades, l'amour.
Rions.
Lisons.
Respirons. Ah oui, respirons SANS masque.
Lavons-nous les mains, prenons des vitamines, cuisinons sainement, mangeons un truc bien gras de temps en temps.
Bref, vivons autant que nous le pouvons, que nous le devons !
Et arrêtons d'avoir peur de tout et tout le temps.
La peur irrationnelle paralyse.
Elle empêche parfois de se faire mal.
Elle interdit surtout de vivre en ce moment.
Go go amis facebookiens !

Le contexte :
Suite à un article du Canard Enchaîné sur un resto clandestin près de BFMTV **(14)**

3 mars 2021

Une réunion de complotistes peut-être ? Une réunion clandestine de méchants conspirationnistes qui se réunissent la nuit pour mater *Hold-up*, lire *France-Soir* ou encourager l'IHU du Professeur Raoult ?

Ah mais non, des journalistes, des consultants santé de BFM et même de la marée-chaussée qui, probablement, doivent porter le masque en plateau et appeler à un énième confinement pour mars. Ils disent la messe toute la journée depuis plus d'un an. Et vont fêter ça tranquillou bilou pendant que les professionnels (Restos, boîtes de nuit, sport, culture, hippodromes etc.), les étudiants, les vieux, les pauvres, les gens quoi, sombrent.

Merci *Le Canard enchaîné* et merci au signataire de ce petit article, que j'aime bien au demeurant. Le signataire et l'article.

Le contexte :

Michèle Rivasi, députée européenne alors, décédée depuis, s'exprime sur la question des vaccins Covid. Passionnant à écouter sur la chaîne Odyssée.

3 mars 2021

https://odysee.com/.../gestion-covid-19-a-lue-michele... **(15)**
Une heure pour comprendre que la Cour de justice européenne va sans doute être saisie demain 4 mars. Après le Glyphosate, le sujet des vaccins. Et plus exactement les sujets des laboratoires, des secrets des affaires, des milliards, de notre santé, de santé publique, des carences des politiques, de lâcheté, d'aveuglement. Une heure : écoutez cette députée européenne, tant qu'elle peut encore parler.

Quant à moi, je m'attends à une suspension de FB… On verra bien…

4 mars 2021

Puis-je poser une question simple ? Mais alors très très simple ? Pourquoi compte-t-on les décès liés au Coronavirus sur 2020 et 2021 et n'additionne-t-on pas du coup les décès dûs, année après année, au tabac, à l'alcool, aux cancers, aux AVC etc.
Pourquoi ?
Ça ne choque que moi ?
Allô les médias? Allô les cartes de presse ?
Ouhouh.... Y'a quelqu'un ?
Sur ce une bonne journée à vous.

22 commentaires dont
Emmanuel K. La réponse est dans la question. Plus le chiffre global semble important, plus on peut faire peur.
Sans compter que les chiffres de décès coronavirus ne distinguent pas ceux qui sont vraiment morts de ce virus de ceux qui sont morts d'autre chose mais qui avaient été testés « positifs".

Le contexte :
La photo d'un poisson sur une planche en bois

6 mars 2021

Ça tourne depuis hier et ça ne cesse de me faire rire.
"J'ai enfin trouvé un bar ouvert !"
C'est dire où nous en sommes dans ce pays, où il est interdit de danser, de boire de l'alcool sur les quais de Seine avant 18h, et après aussi d'ailleurs, où pratiquer un sport relève de l'exploit, où la culture est reléguée au virtuel, les rencontres vraies, les sourires et le flirt prohibés.

Reste dans les réseaux sociaux cet humour potache qui peut-être, nous sauvera, du moins en partie, de l'autoritarisme étouffant.

Go go, chers amis, ne lâchez rien, prenez de la Vitamine D, de la C, marchez, baladez-vous, éteignez le plus possible la télé, sauf pour quelques docs sur Arte, lisez, parlez-vous, mais ne lâchez rien. Et visez la simple liberté, fuyez le ventre mou de la société. Go go !

Ah, et mangez du poisson !

30 commentaires dont
Sand S. Alors là Christine, bravo!!! tu m'as fait prendre un fou rire !!! Avec une situation qui ne l'est pas vraiment.

Le contexte :
La cérémonie des César 2021et le texte superbement hilarant de Nathalie Bianco. (16)

14 mars 2021

Le seul bon moment des César 2021 (J'avoue, j'ai regardé hier en replay assez accéléré), ça a été le générique du début. On a vu passer Noiret, Romy, Serrault, Deneuve, Gabin, Chabrol, Dujardin, Truffaut, Girardot, bref des acteurs et des réalisateurs qui faisaient du cinéma pour trois choses (Je cite Gabin): « *Raconter une histoire, raconter une histoire, raconter une histoire.* »
Seule Fanny Ardant a échappé vendredi soir à cette catastrophe sinistre, triste et d'une vulgarité incroyable.
Qu'arrive-t-il à notre époque ?

19 commentaires dont
Maurice B. La vulgarité, c'est de laisser le monde de la culture en désespérance.
Ouvrez les théâtres, fermez les centres commerciaux.
Forcément, ça ne pouvait pas être parfait. Mais on s'en rapproche. De plus en plus.

Et voici en cadeau le texte de Nathalie Bianco, si drôle, si juste :

« Hier, la grande soirée du cinéma français a réalisé presque un sans-faute. Seuls les grincheux s'en offusqueront. Les autres, comme moi, souligneront la remarquable et constante application à piétiner et assassiner le cinéma français. De la plus belle manière.
Marina Foïs a ramassé du caca par terre et a parlé « mère de » et « merde » avec Nathalie Baye, Roschdy Zem nous a fait la morale sur les migrants et les Ouïghours, Valérie Lemercier était en dépression et en chemise de nuit, Jeanne Balibar a parlé pendant 8 minutes 50 de politique et 14 secondes de cinéma, Josianne Balasko a refait le coup du prout, Jean-Pascal Zady a rendu un vibrant hommage à Adama Traoré. L'année dernière, il fallait placer le plus de fois possible les mots femmes, patriarcat et domination, cette année, le thème était diversité, noirs et domination et tout le monde, globalement, a bien joué le jeu.
Un beau moment de grâce quand la délicate Corinne Masiero s'est mise nue, avec des Tampax aux oreilles, pour dénoncer le régime de l'assurance chômage des intermittents. Il faut beaucoup de talent pour reproduire une performance que d'autres avaient fait en leur temps, sans y mettre la moindre folie, le moindre panache et sans réussir à nous arracher un sourire. Juste un immense malaise. Coluche a dû être touché qu'elle illustre si bien la différence entre grossièreté et vulgarité, et qu'elle ait l'humilité de préserver ainsi intacte sa mémoire. Un peu comme

ces grands sportifs, dont les records ne sont pas près d'être égalés.

Quelques bémols cependant : Tout d'abord pour la jeune Fathia Youssouf, césar du meilleur espoir féminin, qui a eu le mauvais goût de faire un discours simple, empreint d'une jolie émotion non feinte, dans lequel elle s'est simplement déclarée « très honorée » de ce prix. Pfffff... « Très honorée ». Et puis quoi encore ? Même pas un petit "Wesh négro on est dans la place". Même pas un délicat « j'men bats la chatte d'vos Césars de vieux mâles blancs ». Non. Je suis très honorée et merci. Bon, à sa décharge, elle n'a que 14 ans, elle a le temps de grandir et de rentrer dans le droit chemin.

Sami Bouajila a raté son intervention aussi, en parlant avec émotion de son père mais en omettant sciemment de rappeler que celui-ci était « racisé » et en faisant donc l'impasse sur le discours dénonçant la France coloniale et oppressive. On lui pardonne pour cette fois, mais la prochaine fois, c'est camp de rééducation sur France Culture direct !

Déception aussi pour Catherine Ringer, qui a ouvert la cérémonie, avec une superbe et touchante interprétation de Bécaud... Quel dommage qu'elle ait sobrement conclu sa prestation avec un simple « bonne soirée des Césars ». Sans même un poing levé.

Enfin, un gros bémol pour quelques moments qui nous ont un peu fait perdre de vue le thème de la soirée (ou du meeting). Des

extraits de films ! Des scènes de cinéma ! Ils ont osé… On a vu Claude Brasseur, Yves Montand, Marlène Jobert, Jean Rochefort, Romy Schneider, Michel Piccoli, Annie Girardot, Jean-Pierre Bacri, Mireille Darc, Lino Ventura…Des gens qui faisaient juste du cinéma, avec simplicité, élégance, des gens qui nous ont fait rire, rêver, pleurer. C'était très déplacé !
Encore un petit effort donc. Louis Garrel aurait par exemple avantageusement pu agrémenter son discours en faisant l'hélicoptère avec sa bite. Isabelle Huppert a raté une occasion de faire pipi debout sur scène en chantant l'internationale. Mais on va y arriver, j'en suis sûre.
On y est presque.
En attendant bravo à Albert Dupontel, pour son film récompensé dont le titre prémonitoire résumait parfaitement la cérémonie : Adieu les cons !! »

Le contexte :
Le pass sanitaire arrive à grands pas en France.

16 mars 2021
Il y a deux ans, ma story était précurseure. En avance sur son temps !
Vitamine D...
C'est bon pour tout, la vitamine D. Comme le zinc, le sport, l'amour et la joie.
Bon, c'est presque gratuit et ça rapporte pas tant à Big Pharma mais il va bien falloir se passer de tout ça.
Ça ?
D'un certain nombre de restos et de bars qui s'apprêtent, via leurs syndicats, à imposer un pass vaccinal pour qu'on puisse manger un plat du jour qui sort très souvent, trop souvent, de chez Métro.
Vous savez quoi, les gars, on va faire sans vous. On ira boire l'apéro dans des criques, et on sera heureux. Avec ou sans vous.
On va continuer la vitamine D, le sport, l'amour et la joie et on va faire un sacré pas de côté.
Avec ou sans vous.
Mais avec des livres et des glaçons...

Le contexte :
Notre rencontre avec Fanny Ardant un soir d'hiver 1994

16 mars 2021 bis

J'ai déjà raconté cette histoire mille fois. Tant pis, ça fera 1000 et une fois.

Nous étions je crois en début d'année 1994. Jeunes étudiantes en journalisme à Marseille, je ne sais plus pourquoi avec mon amie Anne-Laure Dagnet, nous est passée par la tête l'idée de rencontrer Fanny Ardant, qui jouait alors avec Bernard Giraudeau au théâtre du Gymnase.

Compliqué d'entrer en contact avec l'actrice, quand on a à peine ses entrées. Et puis, il faut bien l'avouer, le trac était gigantesque.

Nous sommes passées par Bernard Giraudeau alors. Homme complexe, exigeant. Intelligent. Il a vite compris que nous avions un objectif. Je me souviens, il a dû dire quelque chose comme ça :

—Vous voulez interviewer Fanny en fait ?

Oui.

Il lui a demandé avec élégance de venir dans sa loge. Il nous a présenté à Fanny Ardant.. Elle était grande, très fine, très souriante. Jamais je n'oublierai ce large sourire franc. Presque un sourire de gorge. Si ça existe.

J'ai oublié ce qu'il lui a dit. Elle lui a répliqué, et nous avions l'impression d'être sur un grand écran :
—« Mais Bernard, vous êtes un marin ! »

Et elle a ri. Et nous aussi.
Je crois qu'elle s'était un peu moquée de lui, de sa rigueur.
Elle nous a donné rendez-vous le lendemain soir, ou le surlendemain. Nous avons préparé cet entretien comme des pros. Anne-Laure plus sérieuse que moi. Mes questions à moi portaient sur de l'intime, sur l'amour, la passion, la flamme. Nous avons posé des questions et elle est partie loin dans ses réponses. On a vogué avec elle.
J'avais apporté un livre sur Truffaut. Elle a tourné les pages, on entendait son souffle. Et elle s'est arrêté sur le tournage de « Vivement dimanche ». Elle souriait toujours. Elle a livré quelques confidences toutes douces sur ce tournage dont elle semblait garder un beau souvenir. Et elle me l'a dédicacé.
Elle nous a demandé ensuite de nous envoyer nos articles. Puis elle s'est débrouillée pour nous trouver deux places dans une salle pourtant pleine à craquer. Elle nous faisait discrètement des petits signes pendant qu'elle jouait.
Imaginez Fanny Ardant vous faisant un clin d'oeil...
Quelques jours ont passé, nous avons vite écrit nos articles, lui avons porté à l'Hôtel Beauvau, sur le Vieux-Port, où elle résidait alors.

Le dimanche matin, nous étions partie faire un footing. En rentrant, mon répondeur clignotait. Un message. J'ai entendu la voix de Fanny Ardant. Elle avait lu les articles, les avait appréciés et nous remerciait.

J'ai les enregistrements de l'interview et du répondeur. Je vois la cassette chaque jour. Et je pense à Fanny Ardant, à nos débuts, à notre audace, à la beauté sauvage et libre de cette femme extraordinaire.

Fanny Ardant et moi, Fanny Ardant et nous.

19 mars 2021

Hier soir, j'ai regardé *« The big short »*. Sur la crise des subprimes en 2008.
Ça a relevé le niveau après le *Truman Show* de Jeannot la science et Olive la torpille.
Parce que, exceptionnellement, je me suis farcie la conférence de presse de Castex et Veran. Enfin, je devrais écrire : le tuto sur l'usage du port du masque. Et que je le retire, et que je le plie, et que je le déplie, et que je le remets en le lissant bien avec les doigts, et que je le pose sur les papiers touchés par des dizaines de communicants grassement payés par les impôts du contribuables, et que je te conseille de porter le masque partout et tout le temps, y compris pendant les barbecues et chez les disquaires.
Bref, ce numéro de duettistes bien rodé m'a obligée à me servir un 2e whisky, ce qui n'est pas raisonnable.
Allez les gars, vous y êtes presque : la petite économie est en train de crever. Encore un petit offert et Karl, Bill, Jacques et leurs amis du forum de Davos vous trouveront un poste en or pour remercier de vos saloperies. Vous pourrez même faire un barbecue avec Agnès Buzyn en écoutant *L'opportuniste* de Dutronc en 45 tours, à Genève où elle se palpe 15 000 boules par mois à l'OMS.
Encore un effort et on y est.
Je pense à mes amies, mes camarades parisiens ou nordistes, sudistes ou partout d'ailleurs, qui ont des rêves et des envies de

faire tourner un concept-store, un hôtel, un bar à vin, une salle de sport ou un petit resto sans prétention.

Je pense si fort à ma @lina_deslandes, à @geraldinefromlabutte, à ma SYL @aloalpha , à @the_square_studio, à @miamichael50, à @cerroneofficial , à tant d'autres qui doivent ressentir un peu plus de détresse depuis que ces branquignols en ont remis une sacrée couche.

Ne les écoutez pas, croyez en vos rêves. N'écoutez pas un mot de ce qu'ils disent. Regardez devant. Coupez la TV. Mettez la musique, dansez, soûlez-vous.

Go go. On va y arriver, malgré eux.

Les non-dupes errent, célèbre formule de Lacan.

Errons ensemble mes amis.

20 mars 2021

J'ai juste une question pour mes amis FB qui postent leur vaccination sans effet apparent.
Votre but c'est :
—Nous rassurer ?
—Vous rassurer ?
—Culpabiliser celles et ceux qui ne veulent pas de ce vaccin ?
Je suis curieuse de vos motivations. Et je me retiens de faire un brin d'ironie.
Bon week-end à tous, vaccinés et non vaccinés bien entendu !

77 commentaire dont
Isabelle W. Une chose est sûre, c'est que certains vaccinés vouent les réfractaires aux gémonies, les menacent du feu éternel. Je me demande bien pourquoi d'ailleurs puisque si on les en croit, eux sont protégés...le monde est frapadingue en ce moment....
Christian D. J'ai été vacciné lundi avec l'AstraXeneca deux heures avant que le gouvernement ne suspende ce vaccin. J'ai voulu dire que je ne regrettais absolument pas d'avoir eété vacciné. Et que je conservais ma totale confiance aux scientifiques. Seulement une expérience personnelle donc.
Bérengère M. Une chose que je n'ai pas dite, c'est que mon amour de la musique classique est une des raisons de la vacc...si

passeport vert pour aller au concert et pas seulement en France alors allons-y

Thierry C. Être vacciné Pfizer pour moi, c'est un soulagement face au risque que cette maladie représente dans mon cas en matière de comoribidités nombreuses. Et je suis du genre à dire sur Facebook ce que je ressens de bien ou de mal. Donc j'en ai parlé. Je l'ai fait d'autant plus qu'une « amie » épouse de député européen eelv s'est permise d'écrire qu'il fallait quasi m'enfermer pour limiter le risque de propagation de nouveaux variants que je générerais ... tel le mutant pour un peu me déporterait-on ?

Donc devant la connerie, j'adore provoquer ... Voilà les raisons de ma surcom sur le sujet.

Le contexte
Le premier ministre dresse la charte de bonne conduite…

23 mars 2021
On en est là. Le Premier ministre de la France a dressé la charte de la bonne conduite pour les adultes que nous sommes.
Je dis bonjour à la dame
Je ne mets pas mes coudes sur la table
Je finis mon assiette
J'aère les pièces
Et puis quoi encore ?

Des années de psychanalyse
Des voyages
L'expérience et les expériences de la vie
Des centaines, des milliers de livres dévorés
Quelques-uns d'écrits aussi
L'observation des autres et du monde
Des baisers et des étreintes
Des enfants et des parents
Un chien et des chats
Des projets et des rêves
Des crédits et des propriétés
Du travail toujours

Du sport et des festivals
Etc.
Pour en arriver là : un Premier ministre m'a parlé à la première personne comme si on n'avait pas dépassé le stade oral en fait.
Mais ils n'ont donc honte de rien ?
Moi, je dis à Jeannot la science et à ses ministres ridicules :
Je laisse les gens vivre en adultes responsables et je vais m'occuper de mes affaires (Mais pas celles de la France surtout !)

Le contexte :
Un article expliquant que la mairie de Paris va couper la glycine à Montmartre.

23 mars 2021
Quand la vie était encore la vie, l'inessentiel l'inessentiel, le superflu le superflu, et Paris encore Paris, on entendait les serveurs de La Coupole (pour les plus jeunes, une célèbre brasserie boulevard du Montparnasse) lancer à haute voix :
—Ça c'est Paris !

Les convives relevaient alors la tête et se sentaient complices de cette exaltation : oui, ça c'était Paris !
Paris aujourd'hui, c'est ce que décrit cet article : ça peut vous paraître trois fois rien, de la glycine. On ne va quand même verser quelques larmichettes pour de la glycine alors que la situation est grave. Si grave. Mais quelle situation, au fait ?..
Ben si, moi, je vais la verser, la larmichette.
Notre époque coupe, scie, asphyxie la beauté, la nature simple, la fête, tout ce qui bourgeonne librement.
L'ignorance crasse et la conviction vulgaire taillent dans nos existences.
Laissez vivre les glycines et nous avec !

Le contexte :
Une tribune du Pr Duverger, pédopsychiatre : adolescence au temps du Covid, la génération brouillard (**17**)

26 mars 2021

Jusqu'à quand, donc ?
Pas de surmortalité.
La vie, la mort, l'espoir, la peur, l'avenir incertain, par définition.
L'existence, telle qu'elle va.
Et des restrictions, des restrictions des restrictions.
De la culpabilité en veux-tu en voilà.
Papy et mamie à la cuisine, à la cave ou isolés à l'Ehpad en plein désespoir.
Des masques inutiles en extérieur.
Des vaccins dont on ne connaît rien des effets à long terme sur la santé.
Une hausse de 80% des consultations psys pour les jeunes.
Des amours qui s'éteignent faute de pouvoir se rencontrer.
Des commerces en vente.
Des dépressions et des suicides.
Des maladies non détectées, des opérations reportées.
Jusqu'à donc ?

29 mars 2021

On appartient toujours à une génération sacrifiée. Certaines le sont plus que d'autres, c'est incontestable.
La mienne fut la génération Sida.
Ça n'était pas simple de commencer une vie amoureuse, sexuelle, alors que sévissait cette épidémie complexe.
Celle de Lucie, celle de nos adolescents, privilégiés sans doute nous diront certains, cette génération est en train de prendre cher. Très cher sur le plan psychologique.
La Tribune que je partage ici m'a glacée.
J'ai envie de dire à tous ces jeunes de ne rien lâcher, de rêver, de se réunir et de s'étreindre, de chanter des karaokés et de rigoler, de dormir jusqu'à 14 h parce que si à 17 ans on ne dort pas jusqu'à 14h, on le fera quand ?
J'ai envie de vous dire, jeunes gens, de ne pas vous enfoncer dans la déprime, l'angoisse de cet avenir bizarre.
On va y arriver, tous ensemble, à se sortir de ce cauchemar. La vie, simple, marrante, légère, va reprendre ses droits.
J'ai envie de vous dire, jeunes gens : n'écoutez pas les oiseaux de mauvais augure, les vautours du Covid, les trouillards.
Ne rentrez pas dans le brouillard.
Nous, vos parents, on vous aime et et on va vous, on va nous sortir de là.

Voici la tribune :
TRIBUNE. Pr Duverger, pédopsychiatre : « Adolescence au temps du Covid, la génération brouillard »

Chef du service de psychiatrie de l'enfant et de l'adolescent du CHU d'Angers, le professeur Philippe Duverger alerte sur la « détresse psychologique » des adolescents qui « relève d'angoisses existentielles, insidieuses et lancinantes ».

Il est difficile de mesurer dès à présent les conséquences médicales, psychiques, sociales et financières de la Covid-19, mais tout le monde s'accorde à dire qu'elles pèseront lourd dans les mois, voire les années à venir, notamment pour les jeunes. Quelles vont être les conséquences directes sur la « génération Covid » ? Comment les jeunes – des plus petits qui sont arrivés au monde dans cette tourmente aux plus grands, à l'université ou dans les écoles supérieures, en passant par les collégiens et lycéens –, comment donc, ces enfants, petits, ados et même jeunes adultes, appréhendent-ils le monde actuel ? ».
« Des éléments de réponse commencent à poindre. En effet, partout en France, depuis le deuxième confinement (novembre 2020), les admissions d'adolescents dans les services d'urgences des hôpitaux augmentent sans discontinuer, pour atteindre des chiffres inhabituels et inquiétants. Aux urgences du CHU d'Angers, ce sont quatre à six jeunes admis par jour, pour des

troubles anxieux, des idées de suicide, des tentatives de suicide, des scarifications ou encore des troubles des conduites alimentaires (+ 122 %). Depuis janvier 2021 et aujourd'hui encore, 16 des 18 lits de pédiatrie réservés aux « grands » sont occupés par des jeunes présentant des troubles psychiatriques. Des jeunes tristes et anxieux, perdus dans un monde en mal de repères et se plaignant d'un grand sentiment de mal-être, inquiets pour leur avenir. Du jamais vu ! »

« Émilie veut en finir et s'allonge sur le lit »

« Émilie, âgée de 16 ans et demi, est en terminale. Depuis toujours elle est brillante élève et participe à de très nombreuses activités extrascolaires, sportives, culturelles et associatives. Entourée d'amis et de parents aimants et disponibles, elle est heureuse et ne semble n'avoir jamais manqué de rien. Elle rêve à un bel avenir professionnel. »
« Puis, arrivent la pandémie, les gestes barrière et les confinements. Le bonheur se fissure, Émilie commence à douter… Depuis début novembre, elle ne voit plus ses copines comme avant. En effet, elle va au lycée une semaine sur deux et la réforme du baccalauréat, ayant dispersé les élèves selon leur choix d'option, elle ne voit plus ses amies. Elle se sent perdue. D'autant qu'il faut répondre dans le mois aux impératifs de Parcours Sup. Le

doute l'envahie, au point qu'elle s'interroge sur sa valeur, ses qualités et ses raisons de vivre. »

« Un soir de janvier, elle s'effondre et, de façon impulsive, prend 25 comprimés d'un antalgique. Elle veut en finir. Elle s'allonge sur son lit et avant de s'endormir, envoie un SMS à sa meilleure amie. Grâce à cette amie, ses parents sont prévenus et elle est transférée rapidement aux urgences pédiatriques du CHU où elle est hospitalisée. Au décours des soins somatiques, je rencontre Émilie. Elle est triste et très angoissée. Elle se dit très fatiguée et en détresse ; elle ne comprend pas le monde dans lequel elle vit. Ce n'est pas la fin du monde mais la fin d'un monde... Son geste la surprend elle-même. Ses parents sont sidérés... Rupture de vie sociale, manque d'échanges, sentiment de solitude, monde de compétition, avenir incertain... Émilie me dit s'interroger sur le sens de sa vie. Elle ne voulait pas forcément en finir avec sa vie mais en finir avec cette vie... ».

« Emma s'est scarifié l'avant-bras »

« Le lendemain, c'est Emma, 13 ans, que je rencontre. Elle s'est scarifié l'avant-bras, la veille au soir, dans sa chambre. Sa mère, affolée, l'emmène aux urgences du CHU. Collégienne sans soucis apparents, elle va moins bien depuis le confinement, comme si elle avait perdu ses repères. Emma n'a plus d'appétit, dort mal et précise n'avoir plus envie de rien. Ne plus voir ses copines comme avant lui est très douloureux. Elle ne parvient pas à faire des projets et me dit prendre conscience d'un paradoxe : la nécessité d'apprendre à apprécier le temps qui est imposé mais dont elle se plaint souvent de manquer : « J'ai jamais le temps de faire ce que je veux et maintenant que j'ai tout le temps, je fais plus rien ! » Elle dit ne pas supporter devoir accepter les contraintes scolaires imposées par des professeurs eux-mêmes perplexes et indécis : « On ne sait pas où on va ! Et les professeurs, ils ne savent pas non plus ! Y en a marre ! Même pour les notes, on ne sait pas si ça va compter pour le brevet des collèges. On est dans le brouillard. »

« Le soir même, je suis appelé aux urgences pour rencontrer Pierre, 15 ans. Il est admis pour dépression et idées suicidaires scénarisées par pendaison ou défenestration. Il n'avait aucun antécédent psychiatrique particulier, excepté une période de harcèlement scolaire qui avait fait l'objet d'un suivi psychologique ponctuel en primaire. Depuis décembre dernier, sans cause déclenchante repérée, des symptômes apparaissent : il n'a plus trop d'appétit, dort mal et multiplie les plaintes somatiques. Il se retrouve d'ailleurs souvent chez l'infirmière scolaire et finit par ne plus vouloir aller au lycée où pourtant, ses résultats sont bons. En fin d'entretien, il évoque des périodes de grande tension où il se sent mal et redoute de taper ceux qu'ils l'entourent. Il s'en culpabilise et rumine toute la journée et la nuit. La veille, il a d'ailleurs donné un grand coup de poing dans le mur de sa chambre (« pour me défouler ») et s'est abîmé les trois métacarpes de la main droite. Des idées de suicide lui traversent l'esprit. Il est exténué et, comme il le dit : « Je ne vois pas le bout du tunnel. Comment ça va finir ? »

« Ces adolescents ressentent un grand sentiment d'insécurité »

« Ces jeunes, sans pathologies particulières connues, sont le plus souvent amenés par leurs parents, en grande détresse et souvent effondrés eux-mêmes. Les consultations en ville, saturées depuis des mois, ne permettent pas d'avoir un rendez-vous. Toute cette détresse vient alors se déverser au service des urgences de l'hôpital.
« Même si chaque cas est particulier, ces **adolescents ont un point commun : ils se sentent perdus** et ressentent un grand sentiment d'insécurité et de confusion. Certes, l'adolescence est une période de doutes, de questionnements et d'incertitudes. Mais aujourd'hui, les difficultés relèvent d'un autre niveau. Dans leurs propos, reviennent régulièrement le brouillage des repères habituels, le manque de clarté des informations fournies tout au long de cette période par les autorités, la perplexité des enseignants, la fatigue des parents, le flux d'images et de paroles angoissantes diffusé par les médias. Leur mal-être repose sur de multiples facteurs, personnels bien sûr, mais aussi contextuels : incertitude des modalités de validation du brevet des collèges,

suppression de toutes activités extrascolaires (sportives, culturelles…), délitement des liens pour les plus jeunes. »
« Et pour les autres, réforme du lycée qui, avec le choix d'options à la carte, éclate les classes et donc distend les liens, enseignements à distance ou dans des classes en présentiel une semaine sur deux, incertitude des modalités du baccalauréat, injonctions de Parcours Sup, etc. Face à ce brouillage des repères et au bouleversement des routines scolaires, les enseignants et les parents sont eux-mêmes en grande difficulté pour accompagner et rassurer. Et une certaine confusion règne, source d'angoisses, où se mêlent sentiment d'impuissance et vécu de perte de contrôle de la situation. Tout cela met en lumière des fragilités psychiques. »

« Le confinement va à l'encontre du processus d'émancipation »

« L'adolescence est le temps de la séparation. Or, le confinement va à l'encontre de ce processus et de cette émancipation. Car rappelons-le, pour que l'adolescent ait suffisamment confiance en lui et dans le monde extérieur, pour qu'il grandisse harmonieusement, il importe qu'il ait accès à des lieux extérieurs à son foyer. Les expériences de socialisation sont source d'acquisition d'une autonomie progressive, d'une ouverture au monde et d'apprentissages diversifiés indispensables à son développement

et à sa projection dans l'avenir. Les liens sociaux, amicaux et affectifs sont essentiels à son équilibre psychique. »
« La difficulté voire l'impossibilité pour certains de garder ces liens ne peut que fragiliser cet équilibre. De même, le manque d'activité physique, le manque d'interactions extrascolaires ainsi que le stress induit par l'appréhension des conséquences scolaires, entraînent chez un grand nombre de jeunes une impression de vide que la surconsommation d'écrans et l'exposition à la lumière bleue tard le soir ne comble pas. Internet n'a jamais répondu aux questions existentielles de ces adolescents perdus dans un brouillard qui tarde à se dissiper. »
« Finalement, ce n'est pas le virus qui inquiète ces jeunes mais ce brouillard dans lequel ils se perdent. Émilie, Emma, Pierre sont bouleversés et nous disent ne plus savoir où ils en sont. Leur détresse psychologique relève d'angoisses existentielles, insidieuses et lancinantes. Habitués à vivre dans l'instantanéité, la durée de ce confinement et le fait de ne pas savoir quand il prendra fin est difficilement supportable pour eux. Privation de liberté, contraintes sociales, incertitudes scolaires bouleversent leurs habitudes et sont difficiles à penser. Cela conduit à un découragement et à un épuisement, tant physique que psychique. Avec l'impression de ne pas faire face, d'être submergés par les événements. Ce mal-être semble notamment lié à l'incapacité de se projeter dans l'avenir et l'impression d'être perdu... dans le brouillard. Difficile de construire son avenir dans ces conditions.

Aujourd'hui, certains adolescents se plaignent et manifestent leur mal-être (plutôt les filles). Je redoute ceux qui ne vont pas forcément se plaindre (plutôt les garçons) et qui vont rester silencieux, isolés, en souffrance. Soyons vigilants ! »
« Être parents, c'est avoir la lourde responsabilité de les accompagner »

« Être parents de cette « génération brouillard », c'est avoir la lourde responsabilité de proposer aux enfants de construire une vie qui a du sens. Les aider à garder ce regard émerveillé sur le monde, préserver leurs capacités créatrices, les accompagner dans leurs difficultés en comprenant qu'elles ne sont que le reflet des nôtres, les observer grandir et refaire avec eux ce bout de voyage en regardant le monde au travers de leurs yeux, un monde à construire et non à vampiriser. Les enseignants ont aussi un rôle à jouer particulièrement important pour donner du sens et des issues à des situations qui aujourd'hui semblent des impasses ; pour les accompagner et les préparer à ce qui les attend. Mais sont-ils en capacité de le faire, ces adultes parfois eux-mêmes dépassés par la situation ? »
« La nomination récente d'une pédopsychiatre, Mme le Pr. Angèle Consoli, au conseil scientifique, traduit la prise de conscience du gouvernement de l'importance prépondérante de la santé mentale des jeunes dans l'analyse de cette pandémie. »

31 mars 2021

Il y a deux semaines environ, j'avais ici posé cette question à ceux qui communiquaient sur leur vaccination (Astra, Pfizer etc) : pourquoi en faites-vous la publicité ?
Je continue mon étude, après avoir lu avec intérêt les arguments des vaccinés (actuels ou à venir).
À ceux qui ne veulent pas de ce vaccin, expliquez-moi pourquoi. Je lirai avec tout autant d'attention et d'intérêt.
Belle journée, ne lâchez rien mentalement et faites du sport ou n'importe quelle activité physique.
Go go !

85 commentaires dont
Karoll A. Bonjour Christine, en ce qui me concerne, à la base je suis contre le vaccin par manque de recul. Cependant, comme j'espère pouvoir partir cet été, je pense que je vais à contre-coeur le faire. Il semblerait qu'un passeport vaccinal européen soit mis en place à partir du 25/06....liberté bafouée…
Muriel R. Je n'ai aucune confiance en ce vaccin. Je n'ai pas de pathologie, je suis en bonne santé, je fais attention à mon alimentation et booste mon système immunitaire, je ne suis donc pas en danger face à ce virus que je souhaite affronter comme les autres si je devais l'attraper. De plus bafouer ma liberté ne fait que me conforter dans mon idée. Et idem pour mes enfants

de 9 et 19 ans. Nous voyageons beaucoup mais prendre des risques sur lesquels on ne pourra pas revenir en arrière et juste inenvisegable pour nous. Nous irons dans les pays qui nous accueilleront mais je ne céderai pas au chantage du passeport vaccinal.

7 avril 2021

Coluche avait tenté, il y a 40 ans, d'expliquer la différence entre la grossièreté et la vulgarité.
Que dirait-il aujourd'hui de la vulgarité de :
—Ce pitre de Chalencon, dont je n'avais jamais entendu parler ni des lèvres ni des dents et qui est, paraît-il, l'ami des grands de ce pays ?
—Ces radios de service public ou pas qui font à longueur d'antenne de la propagande pour la vaccination anti-Covid, y compris pour les enfants ? Oh les gars, on n'a aucun recul. Aucun. Passez devant, on vous regarde. Et laissez les petits en paix.
—Ces gens qui acceptent de partir en télétravail ne voyant même pas qu'ils sont en train de scier la frêle branche sur laquelle ils sont encore assis (Car le télétravail signifie que bientôt votre taf pourrait être effectué d'une plate-forme togolaise ou indienne en fait) ?
—Ces artistes et restaurateurs bien silencieux ou ne l'ouvrant que pour appeler à accepter le passeport vaccinal « si c'est le seul retour à la vie normale » ?

En fait, nous sommes entrés dans l'ère de la vulgarité. Masqué, c'est sans doute plus facile de se comporter en petit tyran, malpoli, harceleur et ivre de la privation de liberté la plus essentielle.
La fin n'est pas encore écrite.

Go go les gens libres, responsables, calmes. Oui, calmes.
La vulgarité est une infirmité de l'âme, disait Bedos.

28 avril 2021

Si je résume le moment :
Les Dupont Lajoie de tout bord s'en donnent à cœur... joie et vomissent leur vulgarité et leur haine sur les plateaux TV, dans des réunions publiques et sur Twitter.
Les docteurs ne soignent plus mais causent de notre avenir sur les chaînes infos en continu. Enfermez-les, qu'ils disent !
Les politiques ne font plus de politiques et l'opposition est totalement absente, laissant à Manu le petit tyran le soin de décider si on aura le droit d'admirer un coucher de soleil en mai.
Et vous, comment ça va à part ça ?
Vous tenez ?
De mon côté, je vous prépare de jolis projets, des textes et des photos, des témoignages et de la rage, de la douceur et de la couleur.
Je suis convaincue que la création, quelle qu'elle soit, nous sauvera.
Alors, créons.
Go go !

28 Commentaires dont
Nicole D. Quand on a séjourné dans des dictatures de droite et de gauche et qu'on a vu l'armée à l'œuvre, comme on est content de vivre en France !

Serge S. Et pour répondre à Nicole à propos de la dictature, si l'on s'intéresse aux droits de l'homme et que l'on considère comme moi que l'homme possède des droits fondamentaux inaliénables, par qui que ce soit et pour quelque cause ou sous quelque prétexte que ce soit... on est effectivement déjà en dictature : dès que les principes et les méthodes d'une dictature sont appliquées par une prétendue démocratie, c'est que techniquement on est en dictature et plus en démocratie... aussi clairement que dès qu'on fait pipi dans de l'eau de source, bien pure, même quelques gouttes dans ton verre à peine troublé de jaune comme un pastis de Parisien, ben c'est sans moi ! C'est déjà du pipi que tu avales.

Françoise S. Simone Veil qui savait comment peut vite et légalement arriver le fascisme disait qu'il faut réagir dès les premières atteintes aux libertés pour ne pas subir les suivantes, plus graves. Un pays en état d'urgence chronique n'est plus démocratique puisque cet état d'urgence donne tous pouvoirs à l'exécutif au détriment du parlement. La liberté d'aller et venir est inscrite dans la constitution mais est bafouée depuis 15 mois. Et qu'on ne me parle pas de nécessité sanitaire : croire que nous interdire d'aller à plus de 10 kms de chez nous va limiter la circulation d'un virus capable de faire le tour du monde (le virus sud africain a visité un EHPAD dans l'est de la France) c'est du grand n'importe quoi !

3 mai 2021

Voilà un post totalement en décalé de l'actualité. Enfin, pas tout à fait décalé.

Amélie Poulain a 20 ans. Le film. Pas Amélie et son air mutin qui ne vieillira jamais.

Je l'ai revu ce week-end. Bien inspirée.

Je n'avais pas imaginé qu'il m'avait marquée autant.

Des références qui m'ont suivies, presque de façon inconsciente. Le nain de jardin qui voyage, l'imagination débordante d'Amélie, embellir la vie des autres en leur inventant des histoires. La voix d'André Dussolier. Les yeux, immenses, d'Audrey Tautou. Tout est marquant.

Dans *"Le fabuleux destin d'Amélie Poulain"*, il y a tout ce dont nous manquons en 2021 : les bistrots, le droit d'être un peu farfelu, les gueules de travers, les jolies histoires de hasard, les comptoirs, l'amour doux, les petits bisous au coin des lèvres, les voyages, les marches dans un Paris joliment pavé et coloré.

Oui, il y a cette poésie incroyablement rafraîchissante et vivante. Cette légère folie qui aide à vivre.

Quelle pure merveille de se laisser embarquer dans ce destin fabuleux. On est bien loin de notre société actuelle, si violente et destructrice.

Je rêverais que la vie d'après ne ressemble pas à la vie d'avant mais bien au fabuleux destin d'Amélie Poulain.

Pas vous ?

10 mai 2021

Il y a la photo d'un jeune homme sur ce post. En réalité, il s'agit d'un message sur les mensonges « Croix de bois croix de fer si je mens je vais en enfer » de notre actuel ministre de la Justice.
Dans cet interview à TF1, pas si vieille sur ça...
Je précise pour qu'on ne vienne pas nous dire qu'il s'agit d'une erreur de jeunesse...
Dans cet interview de la chaîne française la plus regardée, Éric Dupont-Moretti affirme qu'il ne sera jamais ministre de la Justice. Écoutez, c'est très court.
Que c'est drôle.
Que c'est triste.
La morale est partout.
La morale n'est nulle part.
Vous allez me dire, on a quand même le droit de changer d'avis !
Mais bien sûr !
Hier soir j'avais prévu de cuisiner des cailles et puis finalement, j'ai trouvé des champignons dans mon frigo et j'ai préparé un autre plat.
J'ai changé d'avis.
Comme notre ministre de la Justice.
Et alors ?
Rendez-vous pour compter l'abstention bientôt.
Ça je vous le signe.

Le contexte :
Une tribune de Catherine Frot sur l'abandon des personnes âgées et leur mort dans la plus extrême solitude. (**18**)
https://x.com/collcartonjaune/status/1391739164652150793?s=12&fbclid=IwY2xjawGNsmtleHRuA2FlbQIxMQABHZvw-BHscqEfEkPgQf-3sjP1MWf_Pt2vZ2muCoe2vWxToqeP-CE50b84O5Mw_aem_7G1B7lRoXGnsFt7yW0W4yw

10 mai 2021
Chaque semaine arrivent à mon oreille et mon émotion des histoires telles que celles-là, racontée ici par Catherine Frot :
Parlez aux infirmières, expliquez leur calmement que rien ni personne ne vous empêchera de voir vos proches hospitalisés. Les anciens ont besoin de nous.
Parlez-leur, ne lâchez pas ça.
N'ayez pas peur de ces petits tyrans.
Go go avec nos anciens…

Le contexte :
Des vacances dans le sud du Portugal

10 juin 2021

Au milieu de la Ria Formosa, la réserve naturelle de Faro qui s'étend sur 11 kilomètres, composée de petites îles, certaines habitées mais très peu, j'ai déposé les armes et les baskets.
Loin des têtes à claques et des débats sans queue ni tête, je me suis régalée d'une queue de lotte.
Le temps n'est pas du tout suspendu. Il est au contraire palpable. Comme ralenti pour mieux le ressentir.
Le temps dans le ciel est aussi un ami et un guide. Il offre des couleurs changeantes de minute en minute et ne lasse d'éblouir.
Le voyage se poursuit. Peaceful, a dit le skipper d'hier. Lui aussi a fait le choix de Faro.
—Parce que, quand j'ai fini ma journée (Vers 16h), je prends mon petit bateau et je viens pêcher dans la réserve. C'est mon psychologue.

Ça se tente, non ?

21 juin 2021

Je quitte Olhao, l'Algarve, la Ria Formosa, Praia de Faro, le Portugal.
Non. C'est faux.
Je ne quitte rien ni personne.
Je donne rendez-vous. Pour très très bientôt. Et pour longtemps.
Je ne suis pas faite pour aimer à l'unité ; je suis faite pour aimer en intensité et à l'infini.
Je suis faite pour relier des points, identifier des signes. Alors je relie, j'identifie et je reconnais.
Olhao, cette petite ville de l'Algarve, a quelque chose de Tanger, avec ses maisons qui partent vers le ciel, ces toits-terrasses partout, ces escaliers pentus qui mènent au paradis. Quelque chose de Tanger qu'aimait tant Christophe et qu'il chantait dans *« Tangerine »*.
Mais c'est aussi un lieu où tous ceux qui y vivent ont choisi d'être là. Du moins j'ai envie de croire ça. Ce sera ma légende. Mon explication à cette sérénité et cette gentillesse ressenties un peu partout.
Avant Olhao et Praia de Faro, il y a eu des essais, des répétitions, des tentatives avortées, des erreurs. Des envies d'Amérique, de Scandinavie, d'océan français.
La lassitude ressentie à l'égard de mon pays s'accentue et cette dépense d'énergie stérile me donne envie de retrait. Pas de retraite, mais de pas de côté.

Le dimanche électoral renforce ce ressenti.
Arrive alors le moment où l'on dit : je sais.
Où l'on sait et on le dit.
Je suis à un moment du chemin où je ne sais pas grand chose, finalement, mais où je sais l'essentiel : je sais qui j'aime à l'infini et où je veux vivre en intensité.
Et inversement.
Go go ! Tout est permis, surtout le meilleur, le calme, la création, l'amour. Et les pastais !

Le contexte :
Le mariage d'une amie dont je suis témoin. Mariage repoussé pour cause de Covid et de multiples interdictions.

27 juin 2021
On n'est plus trop sûr de savoir. Faire la fête est devenu un tel événement qu'on se demande si on va savoir encore.
Discuter d'abord, boire deux verres de champagne et se souvenir qu'il faut alterner avec des verres d'eau pour tenir la distance. Tenir un discours pas trop culcul mais inspirant pour célébrer les "Vive les mariés », dire des bêtises à des personnes qu'on connaît à peine ou qu'on aime depuis plusieurs décennies et les faire rire, malgré ou grâce aux verres d'eau.
Et puis se mettre à danser, d'abord doucement, comme on reprendrait le vélo ou le ski après un arrêt brutal.
Et finir en sautillant, se faire traiter d'Angèle brune à force, justement, de sautiller et de bondir, mettre une putain de playlist qui plaît pas à tout le monde, rigoler légèrement avec les uns les autres, parler du Portugal et surtout de Faro et d'Olhao et penser à l'avenir, malgré ou grâce aux flûtes de champagne,
Transpirer comme johnny sur scène et chercher la bouteille de Vittel.
Twister avec sa belle enfant sur sa chanson préférée du moment, mettre Cerrone pour relancer darling husband.

Et promettre à son amie Anne-Laure « Vive la mariée » que promis, la vie sera toujours belle.
Se réveiller après une courte nuit avec quelques courbatures dans les jambes.
Et s'avouer que vraiment, vraiment, si la vie ne vaut rien, rien ne vaut la nuit.

Le contexte :
Une interview dans Paris-Match d'Isabelle Adjani par Nicolas Bedos à l'occasion de la sortie du film « Mascarade » **(19)**

28 juin 2021

Je lisais, au calme dans la voiture, de retour de Paris d'un week-end merveilleux à tous les plans, cette interview réalisée par Nicolas Bedos.
Vous connaissez mon admiration pour Isabelle Adjani.
Je parlais d'elle l'autre jour à darling husband, alors que nous étions sur un toit-terrasse d'Olhao, au Portugal. Je parlais d'Adjani et je ne sais pas pourquoi, c'est elle qui m'est à ce moment de notre discussion venue comme exemple, pour imaginer un projet.
Et là, je lis ce sublime entretien. Et voilà.
Adjani est grande. Cachée derrière ses lunettes, un peu derrière un masque, Adjani est libre.
Adjani est une renégate.
Lisez plutôt :

Nicolas Bedos :
—Je lui confie alors mon inquiétude sur la fréquentation en berne des salles de cinéma, la sortie de nos prochains films. Ce n'est pas elle qui me rassurera ! Elle ne se fait aucune illusion.

Adjani :
—« Je fais partie des renégats prêts à pétitionner contre l'obligation vaccinale vers laquelle on achemine tambour battant nos corps et nos cerveaux épuisés. Peu importe si on nous caricature à souhait, j'assume. »
Interview d'Adjani dans Paris-Match

5 commentaires dont
Natyca W. D'ailleurs je lui trouve en ce moment un visage triste et des yeux brillants comme si elle se retenait de pleurer. Cette hyper sensible doit souffrir de ce qui nous arrive.

Serge S. C'est marrant comme Bedos écrit et se vante presque qu'il s'arrange pour l'écarter du sujet, lorsqu'elle donne son point de vue sur le covid... C'est vrai que c'est un sujet qui intéresse personne, Nicolas, mais toi quand tu signes la pétition des artistes pour le vaccin, tu t'imagines que ça intéresse quelqu'un ???

15 juillet 2021

« Être différent n'est ni une bonne ni une mauvaise chose. Cela signifie simplement que vous êtes suffisamment courageux pour être vous-même. » Merci Albert Camus

Le courage, vaste sujet. Grand sujet.

Le courage d'être soi-même : que la route est longue mais qu'elle est belle.

La différence, c'est être qui en ces temps particuliers ?

Un renégat, comme dit Adjani,

Une brebis galeuse, comme dit Apolline de Malherbes,

Un paria, comme je peux lire ici ou là.

Bonne journée, les différents, les indifférents, les courageux, les lâches, les moutons blancs et noirs, les loups et les lionnes.

On se calme. Et on va nager, puis boire un verre en terrasse tant que c'est encore permis... Il paraît que c'est excellent pour l'immunité naturelle et pour le moral des troupes.

Le contexte :
Une manifestation contre le pass sanitaire à laquelle j'ai participé en prenant pas mal de photos. Je me prends une volée de bois vert.

17 juillet 2021
« D'abord ils vous ignorent, ensuite ils vous raillent, ensuite ils vous combattent et enfin, vous gagnez. » Gandhi
C'est samedi soir, Gandhi suffira en commentaire. Non ? On se reparle. Passez un bon dimanche. Cool.

79 commentaires dont quelques insultes
Nicole D. Croire qu'on existe, même à travers un combat qui n'a pas de sens... Confondre liberté et responsabilité, bref réclamer une fausse liberté au détriment de la santé publique... Balancer des citations hors de leur contexte (tout y passe, étoile jaune, les Indiens, les philosophes morts donc incapables de recadrer l'exploitation que l'on fait de leur mots...). Un grand n'importe quoi.
Christine F-k
Nicole D. Étonnant quand même de voir semaine après semaine à quel point tu te braques. Bah, dans 15 jours, on sera mis de côté, nous, les irresponsables. Ça va être bath votre société discriminatoire. Trop bath.

Antonia C. Revendiquer la liberté de nuire, c'est un peu fort quand même
Christine F-k
Après une bonne nuit de sommeil, et des rêves ma foi bien agréables, je me réveille en étant traitée de beaucoup de choses. Juste pour avoir pris des photos, marché pour la liberté de tous. Eh bien, je ne suis pas surprise mais ce test grandeur nature a de quoi se faire du souci pour les mois à venir. Bon dimanche à ceux qui le peuvent. Les autres, je ne vous retiens pas ici bien entendu.
Childeric M.
Une marche pour la liberté de tuer ?

18 juillet 2021

Dans la journée, j'ai été traitée, sur mon Facebook de : pauvre conne, ou sale conne, je sais plus, d'abrutie, de cinglée, d'irresponsable. J'en passe et des pires. Puis on a changé non pas de degré mais de nature : là, j'ai un peu sévi en masquant. J'ai eu droit à antisémite et révisionniste. Et même assassin. Et bombe ambulante. Après complotiste et conspirationniste, l'injure monte d'un cran. Simplement pour être opposée au pass vaccinal.

Fort heureusement, j'ai aussi lu des messages pondérés, calmes, argumentés. Beaucoup. Merci à ces esprits apaisés.

Perso, je suis solide sur mes valeurs et mes convictions fondamentales. Je suis assez prudente. Sereine. Tranquille.

Simplement, toutes ces injures n'arriveront pas une 2e fois. Je suis pas psychiatre ni punching ball pour celles et ceux qui sont terrorisés et angoissés.

Sinon, j'ai vu deux films formidables ce week-end. Le premier c'est *« Le Caire »*, sur la corruption, sur ceux qui vendent leur âme pour un poste, un mandat ou une reconnaissance. Le 2e c'est *« Youth »*, sur le temps qui passe, la question de la création et celle de la fin qui approche.

Deux films assez esthétiques que je recommande. Sur Netflix.

Ce soir, peut-être vais-je regarder *« 120 battements par minute »*, sur l'épidémie du VIH. Ça me rappellera nos premiers

combats pour que les personnes séropositives ne soient pas discriminées dans la France de la fin des années 80 début 90.
En résumé, on va tracer notre route sans trop de tracing. J'espère que les gens, vous allez un peu redescendre en pression. C'est pas bon pour la santé.
Bonne fin de dimanche.

128 commentaires dont
Yves M. En désaccord sur le pass vaccinal ...pour le reste total soutien!!!
Chantal de P. Tu as raison : chacun ses idées et moi je n'en changerai pas : resistanza.
Véro Né. Di N. Ma chère, moi j'ai une personne qui m'a carrément bloquée, chacun a ses idées et toi tu as ta magnifique plume pour les exprimer, soutien et gros bisous.
Dominique G. Je suis vaccinée depuis lundi...la mort dans l'âme...pas d'autre choix que de demander à mes clients leur justificatif de vaccination ou PCR mais ça me fait suer grave..
Un politicien maire de la Roque d ....m a dit que c'était comme pour l'interdiction de fumer à faire respecter... Ben non mon con !!! Car fumeurs ET non fumeurs sont acceptés...pas de refus de clientèle je ne veux pas faire le travail de Macron qui n'assume pas ses choix. Mais... 45 000 balles ça fait mal au c....donc.
Karine P. Honnêtement, je ne sais pas trop ce qui se passe. je suis vaccinée, c'est un choix qui me regarde et une décision que

j'ai prise parce que pour moi c'était une façon de se serrer les coudes de façon solidaire et sortir de cette impasse actuelle. Mais c'est une décision que j'ai prise après avoir consulté de nombreux médecins (santé pas top). Je trouve que tout prend des proportions dingues. J'aurais aimé le même genre de réaction quand Samuel Paty a été égorgé en pleine rue. La question de la liberté d'expression est moins importante qu'un vaccin en France, et ça m'inquiète terriblement.
Françoise S. Ce climat agressif est malsain au possible, c'est pour cela que je déserte à peu près FB. De tout coeur avec vous.

23 juillet 2021

Éric Clapton ne se produira pas dans les salles qui exigent le QRcode vaccinal.

Wonderful Éric (d'ailleurs vacciné et pas trop content depuis, mais c'est un autre sujet).

Un bon vendredi malgré une nuit parlementaire qui abîme encore plus notre démocratie

24 juillet 2021
2e samedi consécutif contre le pass sanitaire à Marseille.
« *Et c'est fatal, l'opinion finira par se révolter un de ses beaux matins, dans un brusque haut-le-cœur, quand on l'aura trop nourri de fange.* »
Émile Zola
En vous souhaitant un bon week-end calme.
PS. : Pas d'injures ni de menaces sur mon mur.

90 commentaires dont
Michel N. Forcer les gens à vacciner leurs enfants, c'était déjà limite avec les traditionnels éprouvés, mais avec ces choses dont on ne mesure pas les conséquences, ça craint vraiment, foi de vacciné !
Elodie F. J'ai vraiment du mal à comprendre cette violence verbale, cette agression des personnes vaccinées à l'encontre de ceux qui ne le sont et/ou ne souhaitent pas le pass. Pourquoi ne pas respecter leur choix. Vous avez fait le choix du vaccin. Les autres non. Ou peut être plus tard. J'aurais pensé que ce serait les non vaccinés qui seraient agressif envers ceux qui ont fait le vaccin mais au final non. Pourquoi est ce si difficile d'échanger dans le calme, de donner chacun ses opinions, et ne pas les respecter ? Cette pression sociale est lourde. Nous avons tous nos raisons, nos convictions intimes de faire ces choix. Peu importe lesquels, respectez les svp. Peace et bonne journée

29 juillet 2021

Lavande : un projet de réglementation européenne pourrait la classer comme plante dangereuse.
Alors, on est là.
Dites, les gens, vous commencez à comprendre "qu'ils" ne veulent absolument pas votre bien. Demandez donc à Marseille au Père Blaise (notre cher pharmacien herboriste) ce qu'il pense de cette menace, nouvelle menace, sur la vie tout court, notre façon de nous soigner naturellement sans bouffer trop de chimie. En bref, notre liberté d'aller pas trop mal, dans cette société délirante et à bout de souffle.

58 commentaires dont
Nath U.-R. Savent plus quoi inventer… le monde est devenu fou ou ces gens de pouvoir sont hors des réalités. Dans les deux cas, c'est une belle et grosse merdasse dans laquelle on est !
Isabelle W. Fuck Bruxelles ! J'ai signé la pétition relative aux huiles essentielles d'ailleurs
Maurice B. Ils nous pourrissent la vie à vouloir nous la sauver. Basta cosi !
Agnès O. Vivement qu'on change de monde. J'attends la bascule… en espérant que tout ça soit pour un monde meilleur.

4 août 2021

Que ça fait du bien de relire cette lettre (**20**) écrite par Michel Houellebecq en mai 2020. Lettre qu'il concluait ainsi :
« Nous ne nous réveillerons pas, après le confinement, dans un nouveau monde ; ce sera le même, en un peu pire. »

« Il faut bien l'avouer : la plupart des mails échangés ces dernières semaines avaient pour premier objectif de vérifier que l'interlocuteur n'était pas mort, ni en passe de l'être. Mais, cette vérification faite, on essayait quand même de dire des choses intéressantes, ce qui n'était pas facile, parce que cette épidémie réussissait la prouesse d'être à la fois angoissante et ennuyeuse. Un virus banal, apparenté de manière peu prestigieuse à d'obscurs virus grippaux, aux conditions de survie mal connues, aux caractéristiques floues, tantôt bénin tantôt mortel, même pas sexuellement transmissible : en somme, un virus sans qualités. Cette épidémie avait beau faire quelques milliers de morts tous les jours dans le monde, elle n'en produisait pas moins la curieuse impression d'être un non-événement. D'ailleurs, mes estimables confrères (certains, quand même, sont estimables) n'en parlaient pas tellement, ils préféraient aborder la question du confinement ; et j'aimerais ici ajouter ma contribution à certaines de leurs observations.

Frédéric Beigbeder (de Guéthary, Pyrénées-Atlantiques). Un écrivain de toute façon ça ne voit pas grand monde, ça vit en ermite avec ses livres, le confinement ne change pas grand-chose. Tout à fait d'accord, Frédéric, question vie sociale ça ne change à peu près rien. Seulement, il y a un point que tu oublies de considérer (sans doute parce que, vivant à la campagne, tu es moins victime de l'interdit) : un écrivain, ça a besoin de marcher.

Ce confinement me paraît l'occasion idéale de trancher une vieille querelle Flaubert-Nietzsche. Quelque part (j'ai oublié où), Flaubert affirme qu'on ne pense et n'écrit bien qu'assis. Protestations et moqueries de Nietzsche (j'ai également oublié où), qui va jusqu'à le traiter de nihiliste (ça se passe donc à l'époque où il avait déjà commencé à employer le mot à tort et à travers) : lui-même a conçu tous ses ouvrages en marchant, tout ce qui n'est pas conçu dans la marche est nul, d'ailleurs il a toujours été un danseur dionysiaque, etc. Peu suspect de sympathie exagérée pour Nietzsche, je dois cependant reconnaître qu'en l'occurrence, c'est plutôt lui qui a raison. Essayer d'écrire si l'on n'a pas la possibilité, dans la journée, de se livrer à plusieurs heures de marche à un rythme soutenu, est fortement à déconseiller : la tension nerveuse accumulée ne parvient pas à se dissoudre, les pensées et les images continuent de tourner douloureusement dans la pauvre tête de l'auteur, qui devient rapidement irritable, voire fou.

La seule chose qui compte vraiment est le rythme mécanique, machinal de la marche, qui n'a pas pour première raison d'être de faire apparaître des idées neuves (encore que cela puisse, dans un second temps, se produire), mais de calmer les conflits induits par le choc des idées nées à la table de travail (et c'est là que Flaubert n'a pas absolument tort) ; quand il nous parle de ses conceptions élaborées sur les pentes rocheuses de l'arrière-pays niçois, dans les prairies de l'Engadine etc., Nietzsche divague un peu : sauf lorsqu'on écrit un guide touristique, les paysages traversés ont moins d'importance que le paysage intérieur.

Catherine Millet (normalement plutôt parisienne, mais se trouvant par chance à Estagel, Pyrénées-Orientales, au moment où l'ordre d'immobilisation est tombé). La situation présente lui fait fâcheusement penser à la partie « anticipation » d'un de mes livres, *La possibilité d'une île*.

Alors là je me suis dit que c'était bien, quand même, d'avoir des lecteurs. Parce que je n'avais pas pensé à faire le rapprochement, alors que c'est tout à fait limpide. D'ailleurs, si j'y repense, c'est exactement ce que j'avais en tête à l'époque, concernant l'extinction de l'humanité. Rien d'un film à grand spectacle.

Quelque chose d'assez morne. Des individus vivant isolés dans leurs cellules, sans contact physique avec leurs semblables, juste quelques échanges par ordinateur, allant décroissant.

Emmanuel Carrère (Paris-Royan ; il semble avoir trouvé un motif valable pour se déplacer). Des livres intéressants naîtront-ils, inspirés par cette période ? Il se le demande.

Je me le demande aussi. Je me suis vraiment posé la question, mais au fond je ne crois pas. Sur la peste on a eu beaucoup de choses, au fil des siècles, la peste a beaucoup intéressé les écrivains. Là, j'ai des doutes. Déjà, je ne crois pas une demi-seconde aux déclarations du genre « rien ne sera plus jamais comme avant ». Au contraire, tout restera exactement pareil. Le déroulement de cette épidémie est même remarquablement normal. L'Occident n'est pas pour l'éternité, de droit divin, la zone la plus riche et la plus développée du monde ; c'est fini, tout ça, depuis quelque temps déjà, ça n'a rien d'un scoop. Si on examine, même, dans le détail, la France s'en sort un peu mieux que l'Espagne et que l'Italie, mais moins bien que l'Allemagne ; là non plus, ça n'a rien d'une grosse surprise.

Le coronavirus, au contraire, devrait avoir pour principal résultat d'accélérer certaines mutations en cours. Depuis pas mal d'années, l'ensemble des évolutions technologiques, qu'elles soient mineures (la vidéo à la demande, le paiement sans contact) ou majeures (le télétravail, les achats par Internet, les réseaux sociaux) ont eu pour principale conséquence (pour principal objectif ?) de diminuer les contacts matériels et surtout humains. L'épidémie de coronavirus offre une magnifique raison d'être à cette tendance lourde : une certaine obsolescence qui semble frapper les relations humaines. Ce qui me fait penser à une comparaison lumineuse que j'ai relevée dans un texte anti-PMA rédigé par un groupe d'activistes appelés « Les chimpanzés du futur » (j'ai découvert ces gens sur Internet ; je n'ai jamais dit qu'Internet n'avait que des inconvénients). Donc, je les cite : « D'ici peu, faire des enfants soi-même, gratuitement et au hasard, semblera aussi incongru que de faire de l'auto-stop sans plateforme web. » Le covoiturage, la colocation, on a les utopies qu'on mérite, enfin passons.

Il serait tout aussi faux d'affirmer que nous avons redécouvert le tragique, la mort, la finitude, etc. La tendance depuis plus d'un demi-siècle maintenant, bien décrite par Philippe Ariès, aura été de dissimuler la mort, autant que possible ; eh bien, jamais la mort n'aura été aussi discrète qu'en ces dernières semaines. Les gens meurent seuls dans leurs chambres d'hôpital ou d'EHPAD, on les enterre aussitôt (ou on les incinère ? L'incinération est davantage dans l'esprit du temps), sans convier personne, en secret. Morts sans qu'on en ait le moindre témoignage, les victimes se résument à une unité dans la statistique des morts quotidiennes, et l'angoisse qui se répand dans la population à mesure que le total augmente a quelque chose d'étrangement abstrait.

Un autre chiffre aura pris beaucoup d'importance en ces semaines, celui de l'âge des malades. Jusqu'à quand convient-il de les réanimer et de les soigner ? 70, 75, 80 ans ? Cela dépend, apparemment, de la région du monde où l'on vit ; mais jamais en tout cas on n'avait exprimé avec une aussi tranquille impudeur le fait que la vie de tous n'a pas la même valeur ; qu'à partir d'un certain âge (70, 75, 80 ans ?), c'est un peu comme si l'on était déjà mort.

Toutes ces tendances, je l'ai dit, existaient déjà avant le coronavirus ; elles n'ont fait que se manifester avec une évidence nouvelle. Nous ne nous réveillerons pas, après le confinement, dans un nouveau monde ; ce sera le même, en un peu pire. »

Michel HOUELLEBECQ

Le contexte :

Le pass sanitaire est mis en place en France. Dès lors sont interdits aux non-vaccinés de nombreux lieux de vie (sauf à pratiquer un intrusif et inutile test PCR). Je décide donc chaque jour de publier un souvenir en photo de ces lieux désormais interdits. Je décide pendant quelques jours de rappeler le bon goût de la liberté simple.

9 août 2021

Day 1 - Marseille - Souvenir de restaurant.
Bon souvenir.
Et ça, personne pour nous l'enlever.

10 août 2021

Day 2 - Marseille - Souvenir nocturne.
Très bon souvenir, avec Cerrone et The Superman Lovers.
Et ça, ce souvenir-là, personne pour nous l'enlever.

11 août 2021

Day 3 - Marseille - Souvenir de bar de grand hôtel.
Très bon souvenir, face au Vieux-Port de Marseille.
Un ascenseur, une moquette qui écrase le bruit des talons, une terrasse, un maître d'hôtel, un barman, des serveurs qui ne demandent rien d'autre que :
« C'est pour prendre un verre ou pour dîner ? »
C'était pour prendre une margarita.
Et ce souvenir-là, personne pour me l'enlever.

12 août 2021

Day 4 - Barcelone - Souvenirs de fêtes foraines.

J'ai le vertige même si j'aime photographier les grandes roues. Celle de Marseille, celle de Barcelone sur la colline. Et tant d'autres de par le monde.

Souvenir d'une panique totale à Barcelone mais très bon souvenir quand même.

Souvenirs de rires partagés avec Lucie, Anne-Laure, Maxou, darling husband, Jeanne, Lolo, Anna et tant d'autres.

Et ces souvenirs-là, personne pour me les enlever.

13 août 2021

Day 5 - Paris - Souvenirs de :
-Voyages et de rencontres en train longue distance
-Théâtres et d'interviews de comédiens
-Fanny Ardant en train longue distance, au théâtre et en interview.
Il n'est pas permis aujourd'hui de prendre le train ou d'aller au théâtre de façon tout à fait ordinaire. Tant pis.
On a le droit de réaliser des interviews. Et je ne m'en prive pas. Vous saurez bientôt pourquoi.
Et tout ça, ces souvenirs, ces rencontres, personne pour me l'enlever.

14 août 2021

Day 6 - Pyla - Souvenir d'un bar, celui de l'hôtel La Guitoune, à Pyla.

Quelques jours et autant de nuit passées là, dans ce lieu hors du temps, revisité étonnamment par la designer Bambi Sloan.

Des souvenirs de bars parisiens, barcelonais, suédois, new-yorkais, marseillais, bref un peu partout dans le monde, restent comme des hommages au crépuscule. Mon moment préféré de la journée, ce passage du jour à la nuit, ces heures où enfin tout change, les codes comme les repères.

Et ces souvenirs-là, personne pour nous les enlever.

15 août 2021
Day 7 - Paris - Souvenir de nuits.
Madame Arthur, l'un des derniers cabarets parisiens dignes de ce nom.
Sans tomber dans le « C'était mieux avant », il y a indéniablement un avant où c'était bien mieux.
Ce temps où l'on sortait, où l'on dansait on ne sait pas trop avec qui, où l'on riait on ne sait pas trop de qui.
Madame Arthur m'a aidée une fois à accompagner un chagrin de deuil. Le jour ne s'est jamais terminé et la nuit a fait son œuvre.
C'est paradoxalement l'un des meilleurs souvenirs que je traîne avec moi, perché entre l'énergie et les larmes.
Et ce souvenir-là, personne ne pourra me l'enlever.

16 août 2021

Semaine 2 - Provence - Souvenir de concours équestre avec ma belle enfant et Tony.

Il y a un an et demi, on avait dit à Lucie : comme tu entres en terminale et que c'est à priori ta dernière année complète à Marseille, on se concentre sur deux choses : ta réussite étudiante et les concours équestres. Tant pis s'il faut se lever à 4h du mat' le dimanche.

On était contents de cette perspective, se lever à 4h du mat' le dimanche et partir avec Toto et les copains en concours !

Résultat : un concours le 28 juin 2020 et rien, nada, pendant un an.

Et maintenant, puisque Lulu et ses parents ne sont pas dans les clous, entrée des concours sous contrôle ou interdite.

C'est désolant et d'une tristesse incroyable que de penser qu'être à la campagne un dimanche, c'est mener une vie dangereuse.

On a les coupes, on a les souvenirs. Et ça, personne pour nous les enlever.

17 août 2021

Semaine 2 - Jour 9 - souvenir de danse et de défoulement.

Ça fait plusieurs matins que je me réveille un peu anxieuse. Ce qu'on appelle l'actu est lourde. Ne l'est-elle pas toujours ?

J'ai la sensation que tous les châteaux de cartes s'écroulent sous nos yeux. La sensation que tout n'a été qu'illusion. Qu'on s'est fait balader pour à peu près tout.

Je cherche ce qu'il reste quand on doit tout oublier : la danse, le défoulement, l'oubli partiel.

J'ai une amie très chère qui, depuis sa campagne belge, m'explique sensiblement la même chose. Elle me dit alors:

—Tu sais ce que disent les adultes quand ils se voient ? De quoi on parle ?

—Et tu sais ce que se disent les enfants ? À quoi on joue ?

Alors jouons et dansons, comme des enfants ou des ados. Comme nous jouions quand nous étions petits. Comme nous dansions quand nous étions si jeunes et insouciants. Et ces souvenirs-là, personne pour nous les enlever.

18 août 2021

Semaine 2 - Jour 10 -Marseille - souvenirs multiples de restos multiples.

Je ne sais pas vous, mais quand je pense à un resto, me revient une saveur, celle du gratin dauphinois que préparait un petit resto marseillais, sur le Cours Julien. Le patron est décédé depuis, je crois qu'il fumait comme un pompier. Je ne me souviens même plus du nom du resto. Je me souviens que son gratin dauphinois était un pur délice, comme si un fumet particulier (peut-être à base de lard ?) s'était emparé de lui.

Je n'ose, depuis, prendre du gratin dauphinois dans les restos. Je le fais moi-même, et pas si souvent. Ça demande du travail et du temps.

Tiens, peut-être ce soir, du coup. Et j'essaierai de retrouver le fumet du vieux souvenir. Pour me replonger plus de 20 ans en arrière.

Car ce souvenir de ce gratin dauphinois, personne pour me l'enlever.

19 août 2021

Semaine 2 - Day 11 - Marseille

C'était une belle après-midi de février de 2017 ou 2018. Mon amie Alexandra travaillait pour l'Open 13 de Marseille, le tournoi indoor de tennis. J'étais passée l'embrasser.
Malika, son amie, ma copine, m'avait dit :
—Viens, on va rigoler un peu !
Je suis venue.
C'était un vendredi après-midi. On a rigolé, on a parlé, on s'est fait des confidences, on a mangé des oursins et bu du champagne. Tout l'après-midi. À un moment, Jean-François, son mari et patron du tournoi, est passé nous voir. On a repris des oursins et du champagne.
J'ai pas vu un match ce jour-là mais j'ai bien ri.
Et puis on avait nos souliers à paillettes avec Malika ! Ça avait fait rire Alexandra.
Décidément en ce temps-là, hier quoi, on riait souvent et pour trois fois rien.
Quel joli souvenir.
Et ce souvenir-là , personne pour nous l'enlever.

20 août 2021

Semaine 2 - Day 12 - Paris.

Souvenirs de Roland-Garros, d'une époque où les garçons avaient les cheveux longs. Des revers à deux mains. Des raquettes encore en bois et des petits tamis.

On dit qu'on se souvient toujours de la première fois. Pas moi. Je ne me souviens pas de ma première fois à Roland.

Je sais que j'ai vu Caujolle battre Connors (En fait, non, il n'a pas gagné, me rappellent les camarades, mais moi j'ai envie de le penser, qu'il a gagné !), Noah gagner le tournoi en 1983, le match d'anthologie Evert/Navratilova en 1985. J'y ai traîné des matins entiers avant l'ouverture avec mon amie Lolo, parce que mon oncle imprimait le programme et nous lâchait là-dedans sans droit ni titre.

J'y suis retournée il y a quelques années et j'avais trouvé les places tellement chères que nous nous étions contentés avec darling husband des courts annexes. Sans regret, nous avions assisté au dernier match de ce génial et gentil brésilien Kuerten.

Tant et tant de souvenirs quand tout paraissait simple, accessible. Presque joyeux.

Mon seul regret de cette époque est de ne jamais avoir vu jouer celle que j'adorais : Steffi Graf.

Et ces souvenirs et ce regret, personne pour me les enlever.

21 août 2021

Semaine 2 - Day 13 - Quelque part en rêve.
J'ai rêvé cette nuit, et nous étions déjà le 21 août, une drôle de situation.
J'étais dans une endroit qui s'apparentait au travail alimentaire. Quelqu'un me disait :
—Oh, Kri, tu es bizarre ?
Je répondais avec franchise :
—Ben aujourd'hui, mon père est mort, c'est mon anniversaire et je viens d'apprendre que je suis enceinte. Ça fait beaucoup pour la même journée...

Vraiment, un drôle de rêve où tout y est en fait.
Mon papa est un peu loin depuis 1997, fort heureusement je n'attends pas d'heureux événement, du moins de ce type-là (quand je dis type, je ne parle pas de darling husband, hein !) et c'est bien mon anniv' !
Alors me sont remontés des tas de souvenirs, d'anniversaires plus ou moins réussis. Et cette photo de mon premier du genre, à Bidart au Pays Basque je pense, puisque c'est là que j'ai marché pour la première fois.
Vous savez quoi, je crois que chaque matin, on apprend un nouveau pas. On se lance. On se gamelle parfois, et alors ?

Tous les matins du monde sont magiques, parce qu'ils offrent la possibilité de la liberté, de la vérité, de la tentative et même de l'échec.

Le moment où a été prise cette photo avec mon papa, évidemment je n'en ai aucun souvenir conscient. Mais les sensations, les émotions, l'amour reçu, ça, personne pour me les enlever.

Merci à tous, je répondrai à tout le monde !

Le contexte :
Le premier livre « K & L se baladent dans la vie (et à Marseille) »

22 août 2021

Semaine 2 - Day 14 : souvenir de sunsets marseillais et parisien.
C'est le dernier de la série commencée donc il y a deux semaines.
Il faut savoir se renouveler pour ne pas faire le souvenir de trop !
Ces deux couchers de soleil, pris lors du 1er confinement, l'un par ma sweet Lina, l'autre par mes soins, nous avaient alors donné une idée.
D'une idée est sortie une autre idée. Et en septembre prochain sortira un livre. Puis un autre. Et encore un autre.
De ces idées sont arrivées des balades. De ces balades est née une série. Ainsi qu'une petite maison d'édition, Saudade éditions.
Bref, K & L ne chôment pas.
On en reparle ensemble. J'espère que vous nous suivrez. Car nous ne sommes là que pour faire plaisir, apporter un peu de joie et de poésie.
C'est pas mal, en ce moment, non ?
Et ça, personne pour nous l'enlever !

29 août 2021

On connaît l'expression : c'est un mal pour un bien.
Tant et tant d'expressions ont meublé les angoisses et le vide.
Elles rassurent, cadrent un peu, ces expressions.
C'est un mal pour un bien : cette expression est-elle d'actualité ?
Peut-on souhaiter, espérer le mal, pour trouver le meilleur ?
Je ne crois pas.
En revanche, on peut transformer une situation périlleuse et inconfortable en un choix vital et régénérant.
Il faut s'en donner la peine, se battre avec intégrité et foi. Prendre la joie là où elle est. Se remettre en question et laisser les châteaux de sable, de cartes ou même en Espagne se casser la gueule.
Pour reconstruire il faut que ça se casse un peu la gueule,
On assiste sous nos yeux ébahis à tout ça.
Alors on bouge, on continue le mouvement, malgré la peur de l'inconnu.
Go go !

Le contexte :

Bientôt, en photos et en textes, "K & L se baladent dans la vie (et à Marseille)" - Livre 1 : un récit pour faire du bien, un récit pour voyager, un récit pour ressentir ce qu'est l'amour, ce qu'est le mouvement, ce qu'est la joie.

30 août 2021

30 août : fait frais dehors, la nuit, même à Marseille. On ressort la petite laine. On regarde par la fenêtre. Pas grand monde en terrasse. Pas grand monde non plus à se faire mettre un truc dans le nez pour aller en terrasse. Ceci expliquant cela ?

À l'époque, cette photo de Doisneau datant de 1947 je crois, on n'avait besoin de rien pour aller boire son kawa à Paname au Flore.

Juste une petite laine, parce que Paris sera toujours Paris et qu'il y fait frais quand même. Éventuellement, un pébroc, au cas où la pluie s'invitait.

Vous la voyez, la poésie de cette photo ? Quand on prend une photo, on n'imagine pas qu'elle sera regardée des décennies plus tard avec une interprétation bien loin de l'intention de l'artiste.

Croyez-moi, seuls ceux qui sont en train d'écrire, même les grandes lignes, de leur récit de l'après vont aller bien.

Je me retourne vers cette époque et ça me donne une force terrible pour écrire le récit de demain, le récit de l'après.

Écrivez vos projets, vos rêves. Écrivez et vivez-les. Préparez-les. Parlez-en. Vibrez pour demain. Éteignez la TV. Vous n'avez besoin de personne pour écrire votre récit et décider de votre destin.
Go go ! Bon lundi.

18 septembre 2021

Une balade urbaine sur les lieux du crime originel : après le Cours Julien jeudi, le Panier ce samedi.
Pour les non-Marseillais, ce sont des quartiers incroyables de Marseille.
Au même titre que Marseille est une ville incroyable, imprenable, incompréhensible, inabordable, fuyante, envahissante, ces deux quartiers figurent parmi mes préférés avec le Vieux-Port.
Le Panier est sans doute le plus vieux quartier de France. Les touristes croient fouler les décors de la série « *Plus belle la vie* ».
Moi, j'ai arpenté ce « village dans la ville » des heures et des heures, notamment pendant le premier confinement.
J'y ai photographié des murs que la loi aurait pu obliger à rester neutres et gris mais que la légende marseillaise a autorisé à rouler vers l'explosion de couleurs.
J'y ai emmené ma chère Lina évidemment, puisque nous célébrions la balade de K & L.
J'y ai emmené darling husband, des amies comme Anne-Laure ou Val.
Ma belle enfant y a emmené Jadou pour y faire des photos.
La vie a repris sa place et c'est très bien ainsi.
Quant au cours Julien, notre relation est plus chaotique mais ses murs restent éloquents de sauvagerie et finalement, ça me plaît.
Le livre se balade dans la ville et ailleurs. Il est en vente sur mon site et dans des boutiques.

Tout est écrit sur mon site: www.leshistoiresdekristin.fr
Vous pouvez m'écrire directement aussi. C'est agréable de vous lire.
Que la vie reprenne paisiblement et que l'on laisse au loin les tracas des très puissants.
Go go !

5 octobre 2021

Vous voulez que je vous dise une chose ? Je suis rentrée en France, à Marseille. La ville est pourrie après le torrent d'eau et d'ordures qui se sont déversés dans la Méditerranée qui n'avait pas besoin de ça. Quinze jours après le passage de Macron au Congrès mondial de la nature, ça en jette quand même, côté cohérence !

J'ai un peu allumé la télé, un truc que j'ai pas fait pendant deux semaines au Portugal et à Madrid : j'ai commencé à regarder Cash investigation qui passera je crois jeudi soir sur France 2. Enquête sur DSK, qui fait partie des 300 ordures qui planquent leur oseille dans des paradis fiscaux mais qui n'oublient jamais les leçons de morale. Jamais. Qui n'oublient jamais de montrer du doigt le méchant assisté qui touche 350 balles de RSA. Eux qui ont planqué 11 300 milliards de dollars. Y'a pas un tableau noir suffisamment large pour écrire tous ces zéros.

Ça me déprime de regarder ce qu'on sait déjà en fait. Que les salopards gouvernent le monde. Qui court à sa perte. À notre perte.

À moins que…

À moins que l'on s'y prenne autrement et qu'on les laisse se noyer dans leur thune.

Et que nous, on aille faire autre chose de nos vies que de courir après du toujours plus.

Que de s'épuiser à travailler pour dépenser.

Vous le voyez sur la photo, le gars en canoë ? À moins que ça soit une fille.
Un gars, une fille, après tout, la liberté tranquille a le même goût délicieux.
Je vais vous dire une chose: il arrivera un jour, plus vite qu'on ne croit, où l'on aura appris à se passer d'eux. Parce qu'on aura fort à faire à apprendre à pagayer en douceur, à pêcher quelques daurades, à poursuive la lecture de thrillers et l'écriture de romans d'amour, ou l'inverse.
Ce jour, c'est aujourd'hui et c'est demain si nous le voulons vraiment.
Go go !
11 commentaires dont
Françoise S.   Faire un pas de côté et vivre, tout simplement. 100% d'accord! Quant à DSK, entre ses bourses.
La Bourse et les conseils grassement payés qu'il donne à des dictateurs, il n'a rien qui vaille...

4 novembre 2021

Le Portugal, et plus exactement l'Algarve un peu sauvage, un peu frivole, très accueillant, très secret, rude et doux à la fois, sera mon port. D'attache ou pas, peu importe.
Ce sera là, bientôt. En famille, en amour, en amis.
Il faudra apprendre beaucoup, observer, se laisser conseiller, mais aussi entreprendre, tenter, oser, découvrir, rencontrer. Sans doute se tromper parfois, et alors ?
Loin de cette folie française, ou plutôt de ces folies françaises.
Qu'est-il arrivé à notre joli pays en si peu de temps ?
Comment faire avec cette décadence qui se déroule sous nos yeux et sous nos pas?
Faire le canard ou l'autruche ?
Ou refuser et lutter ?
Ou encore prendre la tangente parce que le meilleur service qu'on puisse rendre à la planète, c'est peut-être d'être un peu heureux, détendu, amoureux, serein.
Mon choix est fait.
Notre choix, devrais-je dire. Car j'ai bien l'impression que quelques-uns de mes proches ou de mes connaissances ont à leur tour envie d'horizons nouveaux.
Et vous ?
Go go !

50 commentaires dont

Marilyn De C. M. Je pense que tu as pris la bonne décision et au bon moment !

Hugues G. Un pays à dimension humaine qui rappelle un peu la France des années 60.

23 novembre 2021

Je viens de lire un panneau : ici nous plantons une forêt basée sur le principe d'une forêt Miyawaki.
Ma vie de paria chic de la société occidentale actuelle me fait apprendre plein de choses.
Ah c'est certain, ça vaut pas une bonne bamboche à 50 € la bouteille de rosé.
C'est certain.
J'ai grignoté trois fois rien, but deux gorgées d'Evian (marque placée) et j'ai regardé autour de moi. Les feuilles qui tombent comme la pluie, le bruit de ces mêmes feuilles sous mes pas… Quelques tout petits « nenfants » qui s'inventent des histoires, sous le regard de mamans au calme ou de nounous tranquilles.
C'est certain, c'est pas Castel ou la Rotonde, cette heure passée dans un parc aixois.
Mais bon sang que c'est agréable et paisible.
Loin du bruit et de la fureur.
J'y retourne, y'a un écureuil qui me regarde.

25 décembre 2021

Au centre de rééducation où ma maman vient de passer cinq bonnes semaines, pour se remettre d'une fracture, j'ai fait une rencontre merveilleuse. Madame Delajoie. Nom extraordinaire.
Je ne vais pas vous raconter la vie de Madame Delajoie même si elle est véritablement une héroïne de roman.
Madame Delajoie, qui elle aussi se remettait d'une fracture du fémur, m' a dit, de sa voix claire :
—On ne peut jamais se mettre à la place des autres, qu'ils souffrent ou qu'ils soient heureux. Mais surtout quand ils souffrent. Et concernant les vieux, on ne peut pas imaginer ce que c'est.

J'ai alors demandé :
—On fait quoi pour vous, Madame Delajoie, alors ?
—De la tendresse, de l'attention, vous nous faites rire, vous acceptez notre lenteur et nos douleurs. Et c'est déjà pas mal !

Je souhaite un joyeux Noël à tous, dans vos joies et vos douleurs. Et je sais qu'il y en a beaucoup, de la douleur, en ce moment.
J'espère apporter un peu de joie, par ma légèreté, ma douceur, ma patience, nos livres, nos photos et nos mots bleus.

2022

L'année du changement

23 janvier 2022

Je ne suis pas trop là, sur ce réseau social, du moins sous ce profil. Je vous lis ; j'apprends de sales et tristes nouvelles. Oui, je lis sur ce réseau social beaucoup de tristesse, de chagrin.

J'y lis aussi de la colère, parfois exprimée avec spiritualité et humour féroce. Fort heureusement qu'il reste à certains de mes amis l'humour et la férocité.

Je lis une énième grève, je lis des interdictions, je lis des empêchements, je lis des absences, je lis des déceptions, je lis des dépits, je lis des renoncements, je lis des trahisons, je lis de l'indifférence. Je lis pas mal de violence non revendiquée et pourtant, elle est bien présente, cette violence. Et sincèrement désagréable. Elle colle à la peau, elle pègue.

Je lis aussi des combats, de la dignité, de la raison, des valeurs, des hommes droits et des femmes brillantes, et inversement. Je lis du courage, de la solitude, la deuxième étant parfois la suite du premier en ces temps franchement dégueulasses.

Je vous lis, je ne réagis guère. Parfois, mais guère.

J'ai mille autre chose à faire, à bâtir, à poser, que m'énerver.

Je vous lis, et je fais mes choses.

À ma place. Sans montrer patte blanche à quiconque.

Et vous ? Vous nous avez un peu lues, mais pas assez malgré vos promesses ! Allez, faites-vous du bien en lisant les balades de K & L. Balades qui vont se poursuivre, bien évidemment, car K & L n'abandonnent jamais.

Il y aura aussi un livre de témoignages, forts et intimes, pudiques et intenses, et je vous en reparlerai.
Vous nous lirez ? Vous me lirez ?
Pour éloigner un peu le chagrin, la violence et la solitude.
Tout savoir sur www.leshistoiresdekristin.fr

19 février 2022

Deux ans déjà.
19 février 2020.
On ne savait alors rien du confinement, du masque, de l'auto-attestation, de la distanciation physique et sociale, du télétravail, d'Ursula Van De Leyen, de Delfraissy, d'Olivier Véran, de Wuhan, de la vaccination, d'injections expérimentales, de Pfizer, de Moderna, d'Astrazeneca ou de Jensen, de Pass, sanitaire et vaccinal, de QRcode pour entrer dans un bar ou aller skier au grand air.
On ne savait pas grand chose de l'identité numérique, des accusations de complotisme à l'encontre de ceux qui doutent ou réfléchissent, des soignants applaudis et travaillant avec des sacs poubelles sur les épaules puis virés comme des malpropres, des young leaders du forum de Davos, de Klaus Schwab, du great reset.
On ne savait pas grand chose de la corruption et de Mac Kinsey, du fils Fabius ou des médecins de plateaux achetés par les labos. Peu avaient entendu parler de Raoult, de l'IHU, d'un saturomètre ou de l'Hydroxy-quoi?
En deux ans, les éclairés ont fait des pas de géants vers l'intégrité. C'est long et c'est court deux ans. Une fraction de seconde et une part d'éternité.

Il y a deux ans, on travaillait sur des élections municipales et on enregistrait avec Bruno Gilles une émission de *La Provence* au Petit Nice, sur la Corniche.

On s'était bien marré ce jour-là, il y avait Stéphane Tapie dans les coulisses, un grand soleil dehors, et FOG (Franz-Olivier Giesberg) d'une froideur qui me faisait bien rire.

Deux ans déjà.

Le contexte :

Je vis maintenant en Algarve, loin du marasme français. Nous sommes à un mois et quelques jours de l'élection présidentielle.

10 mars 2022

J'écris peu ici. Je vous lis. Je lis un peu Twitter et Telegram aussi.
C'est un véritable festival, me semble-t-il.
Entre la lessive de Jadot,
le plein de Bruno Le Maire,
le patrimoine chétif de Macron,
l'atomisation en règle de Pécresse de la part de Muselier, et pas que,
la défaite du PSG par Benzema,
la Corse qui se réveille,
Castex et Veran en alerte enlèvement,
le pass « de mes deux », levé mais pour combien de temps,
Les ralliements opportunistes à Manu
Le même Manu qui apprend et fait apprendre ses fiches par cœur
La retraite à 65 ans (à leur place je la supprimerais, on gagnerait du temps)
Nagui qui va animer un concert pour l'Ukraine
Berland qui secoue le drapeau jaune et bleu en fin de spectacle sur une scène parisienne, quel courage quand même

Les artistes russes interdits de se produire
Les soignants non-vax et en pleine forme interdits de travailler…
Ouh, la liste délirante de la France telle qu'elle va en 2022 est infinie.
La chute de l'empire romain, à coté de la décompensation de notre société décadente, c'était de la roupie de sansonnet, non ?
Y'en a encore qui arrive à prendre tout ça au sérieux ?
Sérieusement les gars et les ladies…
Le Truman show est battu !
Vive la France, vive la République, vive la liberté.

14 mars 2022

Oh, tiens, une petite envie d'écriture me prend soudainement, en lisant un peu les messages facebookiens.

Certains me font marrer, d'autres bondir, et ce sont parfois les mêmes !

Je ne sais si le monde va plus mal qu'avant, ou que demain, mais il est sacrément cocasse et loufoque.

On apprend ainsi que le Messie n'est pas venu samedi aux Docks à Marseille faire meeting, trop occupé à se mettre en scène en couleur et en noir et blanc, plus grotesque de jour en jour ; on apprend donc que le succès, plus de 800 personnes dans une salle ne pouvant en contenir que 400, est indéniable et prouve, s'il en était encore besoin tant les commentaires élogieux devraient suffire à la réélection dans un fauteuil, que le ridicule a décidément toute sa place et surtout toutes ses chances dans notre vieux pays.

Ainsi, le président sortant ferait une campagne bienveillante et loyale.

Ah bon ?

Des enfants masqués pour rien, des gens virés de leur travail sans indemnités, des élus de la République ou ce qu'il en reste prêts à couper la moindre aide à un soignant un peu récalcitrant à la soumission vaccinale.

Des gens interdits d'hôpital, en visite ou en soins.

D'autres obligés de faire de faux pass pour visiter un parent en Ephad ou en centre de rééducation. Ou ne pouvant pas du tout les visiter du coup. Car la solitude des gens malades, c'est tellement sympa.

Et je ne parle pas des interdictions de bamboche en tout genre, dont on apprend finalement très bien à s'en passer. Étrangement, à beaucoup, le ciné, le théâtre, les concerts, les soirées VIP, ben ça ne manque pas des masses en fait.

Quant à l'essence, les pâtes ou l'électricité, on en parle de l'explosion bienveillante des prix qui grimpent à des niveaux stratosphériques ?

Dites-moi, vous qui trouvez cette campagne si bienveillante, comment vont faire les banlieusards qu'on a poussés loin des centre-villes pour payer leur plein ? Et les gens des campagnes justement, croyez-vous qu'ils vont rester longtemps bienveillants, eux ?

Oh oui, j'en oublie, et c'est tant mieux que le cerveau fasse le ménage.

Mais quand même. Des mensonges permanents, sur tout. Et droit dans nos yeux en plus. Pourquoi se priver, puisque certains semblent tellement aimer ça, le fouet.

Je disais l'autre jour à une amie que si mes enfants avaient encore l'âge d'aller à l'école, je les aurais retirés pour les emmener se promener, dans les bois, dans les collines ou au bord de la mer et vivre. Putain, vivre. Respirer. S'amuser.

Oui, je les aurais fait marrer dans ce monde maltraitant au plus haut point, où la parole ne compte plus, où tout est fake ou presque.
Parce que honnêtement, et que mes amis enseignants me pardonnent, ce qu'ont retenu de l'école les Christophe Barbier, Fourest, Enthoven and co, c'est peanuts. À moins qu'on ait oublié de leur enseigner justement la bienveillance, le doute et l'intégrité.
Je vous jure, il y a une chose qui ne ment pas, c'est la nature. C'est un verre face à un coucher de soleil, en tenant la main de son amoureux, de son amoureuse, ou des deux (si c'est à la fois, il faut alors poser le verre), la main de son enfant ou de sa vieille maman. Avec sur ses genoux, un petit chien ou un chat.
Ça, ça ne ment pas, ça ne trompe pas.
Et c'est bienveillant. Vraiment.

18 mars 2022

Le 18 mars 2020, j'ai dormi. Beaucoup dormi. Récupéré. Sans savoir évidemment ce qui nous attendait.

Le 17 mars 2020 à midi pile, le temps s'est arrêté pour la plupart des Occidentaux, mais pas seulement.

Nous n'avons rien compris à ce qui nous arrivait.

Le silence d'abord, presque rassurant et enveloppant.

Des attestations à remplir pour une heure et un kilomètre. Du grand n'importe quoi que nous avons pourtant suivi à la lettre.

Des chiffres angoissants.

Des politiques marseillais soignés par un traitement qui sera par la suite interdit.

Des jours sans fin et des nuits blanches.

Et puis un jour, moi, je suis sortie. Après avoir beaucoup dormi, j'ai pris mes écouteurs, ma musique, j'ai écrit à Lina, bloquée à Paris, « *Allez viens, on va se balader* ».

Elle a répondu : « *Go Go* »

Je me suis retrouvée d'abord sur le Vieux-Port. Puis, marchant un peu au hasard, dans le Panier, j'ai commencé à photographier des graffitis, des messages sur les murs. Je redécouvrais ce vieux quartier de Marseille, je reprenais goût à l'inconnu, à la surprise ; je visitais mon imagination et laissais libre cours à l'envie.

Oui, j'ai la sensation paradoxale de n'avoir jamais été aussi libre que pendant ces balades interdites. Plus d'une heure, plus d'un kilomètre, mais une totale frénésie.
Au milieu de ce bordel, Christophe est parti chanter ailleurs mais n'a jamais quitté mon quotidien de balade.
De tout ça, nous en avons fait un 1er livre, *« K & L se baladent dans la vie (et à Marseille) »*, un livre de photos et de textes réalisés pendant le 1er confinement. Puis un 2e.
Un 3e est en préparation dans cette série de *« K & L se baladent dans la vie »*.
Car, ce que j'ai compris pendant ces 7 semaines d'enfermement et de contraintes incroyables et délirantes, c'est que personne ne peut jamais nous enfermer vraiment si nous ne le voulons pas.
K&L ne veulent qu'une chose : se balader librement.
Go Go !
Tous les livres sur www.leshistoiresdekristin.fr

9 avril 2022

Tout est anniversaire. Derrière ou devant nous. Il y a 5 ans, on s'apprêtait à faire la fête. On espérait. On avait en quelque sorte foi en une ouverture.
On en a eu pour notre argent. Chapeau bas, les gars.
Jeudi après-midi, je parlais paisiblement avec ma prof de portugais, qui a vécu un peu partout en France. Et qui est revenue au pays. Elle m'a posé cette question délicate :
— Vous êtes déçue ?

J'ai pris un petit temps pour répondre ça :
— Non, pas déçue. Mais trahie, trompée, ça oui.

Alors, voilà, 5 ans après, où nous en sommes. Nous avons été nombreux à croire en une société plus ouverte, plus entreprenante, plus plus plus quoi.
Or, les portes se sont fermées, les unes derrière les autres, et beaucoup l'ont pris dans la gueule, la porte. Des millions de Français, juste honnêtes gens, ont été "emmerdés", interdits, insultés, abîmés.
J'ai regardé de loin cette campagne française et je n'ai guère vu ni entendu les vrais sujets de demain : l'euro numérique, un passeport vaccinal européen, le Métavers, un société de contrôle. J'en passe et des pires.

Vraiment, il m'a semblé que peu de sujets fondamentaux ont été abordés. Comme si toutes et tous étaient bloqués derrière. Sans voir ce qui arrive devant.

Alors, il y a 5 ans, nous avons cru aux promesses, bêtas que nous sommes.

On croit toujours aux promesses, n'est-ce pas ? C'est très joli, une promesse. Ça ramène à l'enfance. Mais on ne ment pas à un enfant.

Et si vous me promettiez d'aller bien, d'aller mieux, de rire et de sautiller, de lire, par exemple nos deux *"K & L se baladent dans la vie (et à Marseille)"*. Pour vous faire du bien et faire du bien aux autres. Pour mettre de la couleur dans la vie. Elle mérite quand même ça, la vie, non ?

Allez, go go les amis, détendez-vous, gardez un oeil grand ouvert sur votre liberté et sur votre intégrité.

Devant nous règnent tous les possibles.

"L'amour, la poésie, c'est par ce seul ressort que la pensée humaine parviendra à reprendre le large."

Courage demain et pour la suite.

11 avril 2021

J'ai follement aimé ça, la politique et le jeu démocratique.
J'y ai cru, depuis peut-être que j'ai entendu Barbara chanter "*Regarde*", cet hymne puissant à François Mitterrand, en 1981. Je l'ai réécouté hier soir.
J'ai travaillé avec des élus de gauche et de droite, pour qui j'avais en plus de l'affection (J'en ai toujours d'ailleurs). Et c'était bath.
Et puis, la lumière fut. Depuis quand, véritablement ?
Depuis Hollande et son fameux mensonge "*Mon ennemi, c'est la finance »* ?
Depuis Macron et les Gilets jaunes, ce mépris incroyable des prolétaires ?
Depuis le printemps 2020 à essayer de comprendre le pourquoi du comment ? Et de comprendre, enfin.
Je ne sais pas ce qui fait le plus mal : être dans l'ignorance, dans l'illusion ou la vérité ?
Mon premier roman s'appelait *"Une illusion parfaite."* Titre prémonitoire finalement, même s'il ne parlait que d'amour.
Le 2e s'intitulait *"Point de fuite"*. Rebelote sur le prémonitoire.
Le 3e a un titre provisoire, *"Viens, on s'en fout !"*
Puis nous nous sommes baladées avec Lina pour dissiper ce malaise constant. (www.leshistoiresdekristin.fr)
Et après ?
Après, je n'écrirai plus une ligne sur la politique. Ni ici, ni en commentaires d'autres.

Je vais garder ce compte ouvert, juste pour faire vivre deux pages : une sur la photo et l'écriture. L'autre sur ma nouvelle vie, ailleurs, à l'abri, à l'écart de ce merdier présent et du carnage qui s'annonce.

Courage aux enfants, aux jeunes, aux vieux, aux soignants, aux fonctionnaires, aux entrepreneurs, aux sportifs, aux chômeurs, aux artisans, aux créateurs, aux salariés, aux amoureux. Courage à mes amis, mes copains, mes camarades, mes connaissances.

Ce qui s'annonce est sombre.

Il reste l'amour, toujours : l'amour de la nature, de la beauté, de la tendresse.

Il reste un trait de crayon, sur un mur ou sous un oeil.

Il reste le désir de créer, d'inventer, d'être magique.

Prenez soin de vous, ça va pas être simple.

16 avril 2022

La civilisation, c'est la paix.
La civilisation, c'est l'intégrité.
La civilisation, c'est l'utopie.
La civilisation, c'est l'enfance.
La civilisation, c'est la respiration.
La civilisation, c'est la dopamine.
La civilisation, c'est le son des vagues.
La civilisation, c'est le soleil qui se couche, sur une vague ou une ombre.
Le reste n'est que de la communication, de la posture, de l'esbroufe.
N'ayez pas peur du changement et de la renaissance.
Go Go mes amours et mes amis et mes copains.

19 avril 2022

Je n'en reviens pas et pourtant j'y ai souvent pensé. L'être humain a besoin de repères dans le temps et dans l'espace. Un peu comme, petite, je pensais à l'an 2000, adulte, je pensais à ce jour anniversaire.
19 avril 1922. : mon père ce héros naissait, à Torcy je crois.
J'ai quelque part dans un carton pas ouvert et sans doute poussiéreux, une photo de sa maison de naissance.
Mon père ce héros aurait aujourd'hui même 100 ans.
Ça fera dans un mois 25 ans qu'il nous a quittés. Trop tôt évidemment. C'est toujours trop tôt quand un papa se barre.
Je m'interroge souvent sur ce qu'il aurait dit de mes choix.
Il aurait adoré darling husband. Je crois s'ils se seraient bien marrés ensemble.
Il aurait adoré Lucie ma belle enfant.
Les deux auraient été sans doute très complices et il aurait découvert comme nous l'équitation, bien loin du foot et du tennis.
Il aurait adoré Maxou et Adeline et Corentin, la famille qui s'agrandit.
Il aurait adoré Lina et sa force, mes amis, mes copains. Et Paillette. Même s'il préférait les chiens.
Il aurait adoré me lire, me voir commenter la politique, puis en faire. Et il aurait fini par détester ça, la politique, déçu comme tant et tant.

Il aurait sans doute adoré me voir partir pour le Portugal, lui qui avait fait son voyage de noces avec ma maman autour de Porto.
Il aurait adoré s'amuser un peu plus longtemps.
Il aurait eu 100 ans aujourd'hui et je n'en reviens pas.
C'était le plus drôle et le plus gentil.
Un brave homme.
Qui m'a appris à être honnête, intègre, juste. Drôle aussi.
J'essaie de respecter ce qu'il m'a donnée.
J'espère très modestement qu'il est fier.

Le contexte :
Une photo de moi complètement floue prise à Praia de Faro

25 avril 2022

Ce fut une photo ratée. Et puis non. C'est une photo réussie !
Hier soir, alors qu'une posture apparaissait sur les écrans français, je recevais un doux message de ma belle amie ; je regardais aussi au loin darling husband que je trouvais beau avec son style très rital des années 60. Ma belle enfant me parlait du soleil. Et d'autres choses.
Je parlais aussi avec des British, tandis que les Portugais se foutaient comme de l'an 40 de ce semblant de démocratie française où beaucoup se sont pris pour Jean Moulin. Les pauvres.
D'ailleurs le Portugal est resté neutre en 40.
Le premier British, vers 17h heure locale, m'a lancé : Bye bye Macron I hope.
Il aurait voté Melenchon s'il avait été frenchie. Il ressemblait tant à Ken Loach que j'aurais pu me mettre à la bière, que je n'aime pas, juste pour prolonger la délicieuse illusion de causer avec un artiste du peuple. Ce sosie m'a raconté son enfance, l'Irlande de sa jeunesse, fracturée, ensanglantée. Il a ajouté : la vie, ce sont des cycles. La France va aller très mal puis va renaître.
Puis tard dans la soirée, je suis tombée dans un bar sur un couple, de Manchester cette fois-ci. Eux aussi sortaient d'un film, il ne manquait qu'Éric (Cantona) pour boucler la boucle.

Ils ont offert un Jameson's, et on s'est un peu raconté nos vies.
Boris, le Brexit, l'hôpital, leurs grands enfants de 30 ans, leur peur de Marine « lepon » (prononciation difficile), leur détestation de Macron et des élites, leur envie d'ailleurs.
Elle, m'a dit, en dégustant son vin blanc :
« *We sometimes have to shock our children and the other people.*"
Oui, il faut parfois savoir déranger pour rester libre.

8 commentaires dont
Nicole A. Votre photo est peut-être flou ....mais c'est volontaire ....comme l'avenir de notre belle France !!!!belle prose comme d'habitude
Christine F-k
Nicole A. C'était involontaire et on voudrait le refaire qu'on n'y arriverait pas ! Mais finalement, elle est symbolique !

5 mai 2022

Depuis deux ans, c'est le premier matin où, et après avoir allumé et parcouru les réseaux sociaux, je me sens presque légère.

Des événements heureux, il y en a eu, en deux ans. Mais ça, c'est la légèreté privée, intime.

Cette nuit, il s'est passé une chose incroyable. Un mec qui défend bec et ongles la liberté d'expression a libéré le petit oiseau bleu.

Pour en arriver là, à ce niveau de fortune, ce mec-là ne doit pas tourner bien rond non plus mais au moins, lui est du côté de la liberté.

J'en connais beaucoup qui vont crier au complotisme. Ah, on me dit dans l'oreillette qu'ils ont déjà commencé.

Moi, je suis légère comme un pinson (bleu).

51 commentaires dont

Christian de D. Malika Écrivaine Elon Musk a acheté Twitter. Il n'y aura plus de censure ! C'est ce qu'il appelle le Free Speech. C'est le premier réseau social libéré de la censure.

Jean-Marcel B. En fait il va « trumpiser » tweeter. Je prends les paris, il ne faut pas se réjouir prématurément

Karine P. Je le trouve interessant, ce mec. Depuis un moment. À suivre. Pour certains la "trumpisation" n'est autre que le retour de la liberté d'expression. Qui doit gêner un certain ordre moral, qui, on le sait, est à géométrie variable, comme la girouette.

Nath: J'ai suivi les négociations via l'oiseau bleu et Bloomberg finance, et ce matin à 6h, mes actions ont fait un joli bond quand il l'a annoncé...! Ce type est totalement syphoné du bocal, mais j'adore l'adorer dans son combat pour la liberté.

Katja R. Christine François-kirsch bonjour Christine, je tiens trop à la vrai liberté pour pouvoir respecter des gens comme Elon Musk qui défend des concepts comme la liberté d'expression sauf quand quelqu'un le critique ou critique sa société. Et Philippot et tous ces autres qui deviennent d'un coup des défenseurs de libertés comme Marine Le Pen est apparemment féministe. Je ne te voyais pas à côté de tous ceux.

Christine F-k

Katja R. Je ne suis à côté de personne, exclue que j'ai été de cette société décadente et liberticide . Ni à côté de Veran où cette clique vendue à l'UE et à Pfizer, ni à côté de Philippot ou qui tu veux, qui s'essoufflent à manifester dans le vide depuis 18 mois. En revanche, je suis du côté des 15 000 soignants suspendus, des étudiants qui font la queue à la soupe populaire, des vieux dans les EPHADs qu'on a abandonnés au prétexte de... et qu'on a soigné au Doliprane. Du côté de Raoult et l'IHU qui a soigné, des parents qui ont manifesté contre le port du masque 8 heures par jour pendant que ça bambochait à l'Élysée visages découverts. Etc.

Et oui, je suis absolument favorable à la liberté d'expression avec, évidemment , les limites de la loi.

Alors oui, Twitter cette nuit racheté par ce fada de Musk est de mon point de vue une nouvelle à prendre en grande considération en 2022

Raphael M. J'adore cette posture second degré, légère, vraie que tu sais magnifiquement bien prendre. Je savais faire à une époque... Là, je n'y parviens plus depuis un bon moment ! Je tombe direct dans l'insulte, la grosse insulte... Heureusement que j'ai de l'éducation, et que je laisse mon flot d'insultes, loin du clavier...

8 mai 2022

J'adore cette expression qu'emploient souvent les jeunes :
« Je vis ma meilleure vie ! »
Eh bien moi qui ne suis plus si jeune que ça, je vis ma meilleure vie. Là où j'ai choisi de la vivre.
C'est intense et doux. C'est une promesse qui chaque jour se renouvelle.
Oh, rien d'extraordinaire qui ne mérite admiration ou envie.
Non non, rien de tout.
Juste des choix.
Juste savoir où on est bien. Apaisée. À la cool.
J'ai lu ce matin cette phrase de Pompidou: .
"Je suis de ceux qui pensent que dans cinquante ans la fortune consistera à pouvoir s'offrir la vie du paysan aisé du début du XXe siècle, à bien des égards, c'est-à-dire de l'espace autour de soi, de l'air pur, des œufs frais, des poules élevées avec du grain, etc. On y ajoute des piscines et des automobiles, mais ce n'est pas une modification fondamentale, il reste le besoin d'air, de pureté, de liberté, de silence ».
On y est, 50 ans plus tard.
J'y suis. Il ne me manque que les poules.

38 commentaires
Serge G. Mon grand-père avait des dizaines de poules, cinquante ans plus tard j'en ai aussi, seulement deux mais les œufs qu'elles

m'offrent sont un cadeau quotidien. L'enfance n'est jamais si loin !

Marilyn De C. M. Ah Le Portugal !..à un bout du monde et en même temps si accessible... J'ai d'autres amis qui se félicitent vraiment d'avoir fait ce choix et qui se sont même cantonnés aux Açores... Ils nous envoient tous les jours quasiment des photos et des vidéos absolument splendides de ce petit bout du monde avec sa végétation parfois qui rappelle l'Irlande et ce magnifique océan.

19 mai 2022

Le travail c'est la santé.
La création aussi.
L'entreprise également.
La santé, c'est le désir.
Le désir c'est le moteur.
Le moteur c'est la curiosité.
La curiosité c'est l'idée lumineuse.
La lumière c'est le coup de foudre.
La foudre c'est l'évidence.
L'évidence est tous les jours devant moi. Sous mes pas.
Qui vient en balade avec moi dans l'existence ? J'ai ma p'tite idée.
Sinon, l'océan est à 20 degrés et les vagues sont cools.

22 commentaires
Maya H. En regardant cette photo, certaine de vous connaître : peut-être au New York à la belle époque ?
Maya H. devant une coupe de champagne vers minuit ? Fort possible !
Monique V. Maya H. exactement!! Christine pilier du New-York et Journaliste talentueuse que j'adore
Monique V. Christine François-kirsch ma Christine tu parais tellement heureuse dans ton nouvel univers !! Depuis combien de

temps as-tu déserté Marseille ? Je regarde souvent les fenêtres Cours...
C'est fou le New-York est resté dans l'inconscient collectif pour ceux qui l'ont connu on m'en parle tout le temps
Donne-moi de vos nouvelles Bisous

23 mai 2022
Je pense très souvent à cette chanson de Michel Jonasz, *« En v'la du slow en v'la »*. Les violons qui font pleurer sont déjà là. C'est mon côté Saudade. Très très loin du wokisme et de toutes ces conneries contemporaines.
Très très loin de la légende propagandiste qu'on nous raconte à longueur de médias subventionnés et sous perfusion.
En v'la du slow : un vrai projet de vie et une vieille idée. Une idée qu'elle est neuve !
Vous verrez que la vie, ça a, avant tout, une fonction. Non, deux : aimer et s'amuser,
Trois, pardon : aimer, s'amuser et danser.
Go Go ! C'est le lundi au soleil

31 mai 2022

La vie. La drôle de vie.
Je regarde le ciel, nuageux ce matin.
Je regarde le ciel et je vois percer le soleil qui s'acharne à gagner la partie.
Il va la gagner.
Le soleil perce toujours.
Comme les petits miracles de la vie.
Comme Fernanda, ma diva lisboète rencontrée il y a 18 ans, un dimanche d'août dans un troquet improbable d'une ruelle où le fameux tramway rase les murs et les vitrines.
Oui, c'était un dimanche d'août 2004 et nous avions suivi un Français installé à Lisbonne.
Nous étions dans le tramway, le fameux, et j'avais entendu cet homme s'adresser ainsi à ses copains venus lui rendre visite :
—Je vous emmène dans un endroit que seuls les Lisboetes connaissent.

Nous l'avions alors suivi. Une après-midi incroyable, à écouter du Fado chanté par des hommes, des femmes, des jeunes, des moins jeunes. Et Fernanda. Magique Fernanda.
À l'époque, elle était brune et ronde. Mais déjà généreuse. Elle m'avait fait boire du porto, j'avais acheté son CD.
Et la vie a repris son cours.

En juin de l'année dernière, je suis repassée par Lisbonne sans retrouver le café.
Et il y a quelques jours, sans y croire, nous avons retrouvé le lieu. Rien n'avait bougé. La patronne m'a dit :
—Ce soir, Fernanda va chanter. Venez.

Fernanda a pris 18 ans, comme nous. Ses cheveux sont blonds aujourd'hui, elle a perdu du poids à cause d'un problème de santé.
Mais Fernanda chante encore, serre encore les mains de ses fans et embrasse comme on embrasse une enfant.
Fernanda, mon cadeau du jour.
Tiens, le soleil a gagné …

18 juin 2022

À Faro règne une énergie particulière.
Comme il est difficile de décrire une odeur, il est difficile de raconter une énergie.
Il me semble que l'énergie vient de la terre elle-même qui prend l'énergie des hommes qui la foulent pour la redonner aux hommes.
Ici, à Faro, l'énergie des hommes est humble, gentille, calme.
Alors, cette énergie que l'on reçoit de la terre et des éléments est à cette image.
C'est sans doute pour ça qu'on est si bien à Faro et que, malgré le climat international délétère, pourri même, ici à Faro règne cette énergie si particulière.
C'est un honneur et même un devoir que de respecter ce que l'univers et la nature nous offrent.
Faro sait y faire.
Venez voir, vous n'aurez plus envie d'en partir.

Le contexte :
Un article dans le journal Fakir (**21**) sur l'état actuel du journalisme
https://www.fakirpresse.info/moi-journaliste-fantome-au...

28 juin 2022

Un article, long, fouillé, à tomber de sa chaise quand on a eu, comme moi pendant une quinzaine d'années, une carte de presse.
Je savais que quelque chose clochait au royaume du journalisme actuel. Mais à ce point, je n'imaginais pas.
La manipulation tellement énorme finit par vraiment se voir.
Plus c'est gros, plus ça passe, jusqu'au moment où ça ne passe plus.
On tire un fil dans la pelote, et tout va venir...
Et le premier qui me parle d'Albert Londres, je lui parle d'Olivia Grégoire, porte-parole du gouvernement Borne-Macron... et ex-patronne de cette agence de propagande.
J'attends avec une impatience certaine les communiqués des sociétés de journalistes.
Non, je plaisante...
Bonne journée, chers amis, libérés de tout ce mauvais cirque.

Isabelle W. Je l'ai lu ce matin, l'ai fait lire à mon mari journaliste retraité. On a fait un concours de dégringolade de nos chaises

Sylvie B. Mais c'est énorme quand même. Je ne suis plus étonnée de rien mais à ce point !!! WoW !
Et l'agence a été gérée un an par cette bonne femme détestable aujourd'hui porte-parole du gouvernement, bon ça n'est pas étonnant non plus, et on retrouve aussi le psychopathe de LVMH qui détruit mon village dans les clients ? Vu le personnage c'était à parier...
Mais quelle bande de rats morts !!!
Il ne faut pas s'étonner que notre société soit malade.
C'est à gerber quand même.
Faut relayer ça partout

Voici l'article en question :
« On m'a commandé un article pour dézinguer Ruffin. Je l'aime bien, moi, Ruffin... Je réponds quoi ? »
Il y a quelques mois, on recevait un coup de fil de Julien, un copain journaliste qui fait des ménages dans la com', pour payer les factures.
Articles bidon, médias complices, déstabilisations, grands groupes pleins aux as... Julien nous raconte le business secret des « agences fantômes ».

De : Alice
Objet : Commande semaine 16012017

Salut, j'ai un article à te commander pour la semaine prochaine, 60 euros, dis moi si c'est bon pour toi ☺
1 article sur l'adhésion du Montenegro à l'OTAN qui suscite de plus en plus de polémiques. Il faut que l'article soit neutre et journalistique tout en développant que le Monténégro est trop corrompu et victime de trop de crime pour adhérer à l'OTAN. Ne pas parler de la Russie.
Voilà, merci encore !
Alice

Ce genre d'emails au ton professionnel et complice, j'en recevais plusieurs par semaine.

Au fil du temps, c'était même devenu une habitude. Je prenais connaissance du sujet, je me mettais dans la tête du client, m'efforçais de donner à l'argumentaire l'apparence d'un vrai article. Avec le temps, ça me demandait de moins en moins d'efforts. En deux ou trois heures, c'était plié. Parfois, je me surprenais à torcher un papier sans avoir besoin de me concentrer, en mode pilote automatique.
Un vrai robot.

Dès le lendemain, quand ce n'était pas quelques heures plus tard, je recevais une nouvelle commande de l'agence pour vanter le savoir faire d'EDF en matière d'énergie nucléaire, dénoncer la concurrence déloyale d'Airbnb face aux hôteliers ou encore souligner le laxisme de la France vis-à-vis d'un opposant au président kazakh. Peu importe le sujet : ma plume était devenue aussi prolifique que tout terrain. En six années de collaboration avec « l'Agence », je leur ai pondu 595 articles. Cinq cent quatre vingt quinze. Près de deux par semaine, vacances comprises. Sur toutes les thématiques, certaines parfois dont je ne savais rien : énergie, politique internationale, nouvelles technologies, santé, économie – et j'en passe. Ce n'était pas du journalisme, évidemment. Mais hormis un court syndrome de l'imposteur, pas de problème de conscience : tant qu'on ne me demandait pas de nuire directement à quelqu'un, ou de faire l'apologie d'un criminel notoire... Il fallait bien gagner ma croûte. Et puis, si ce n'était pas moi, quelqu'un d'autre le ferait.

Comment j'en suis arrivé là, à 30 ans passés ? A écrire des articles bidon pour flatter l'égo ou servir les intérêts des riches et des puissants ? C'était clairement pas dans mes projets, en sortant de l'école de journalisme... Tout commence en 2015, quand je me mets à mon compte comme journaliste pigiste, après plusieurs années de salariat. On est un jeune couple qui vient de s'installer, des projets de bébé... Mais vivre uniquement de la presse, c'est compliqué. Tandis que dans la communication, l'argent coule à flots. Afin de compléter mes maigres piges, j'accepte donc quelques missions dans la com' : bosser pour des entreprises, des institutions... Un beau jour, je reçois un message sur Jemepropose.com. Le genre de sites qu'on consulte plutôt pour trouver une femme de ménage, un prof d'anglais ou un jardinier. « Notre agence recherche un rédacteur indépendant capable d'écrire des articles journalistiques sur des sujets variés : économie, politique, énergie, etc. Puis-je vous appeler dans la journée ? » C'est signé d'un certain « Damien Escande, de Public Relations Agency ». Ben oui, tu penses : j'ai besoin de bosser ! Au téléphone, il m'explique, pour le moins vaguement, ce qu'il attend de moi. Je ne sais pas pourquoi, mais je suis sceptique.

Il me propose un test : je reçois un petit topo par mail, et plusieurs liens vers des articles sur le même sujet. À partir de ces éléments, ma mission : produire un texte qui ressemble à un vrai article, avec titre, chapô, accroche. Pour répondre à mes questions un peu insistantes, il m'indique que le papier sera probablement publié sur un « média généraliste tendance réac, mais pas trop ». Ah ouais ? Quand même... Mais bref, je ne suis pas bien avancé... Le sujet : les errements de la junte thaïlandaise. Première nouvelle : la Thaïlande est sous le contrôle des militaires ! Je débarque complètement, sur ce coup-là... Au bout d'une journée de labeur, j'accouche d'une première version que j'envoie à mon correspondant. Il semble satisfait et me commande d'emblée un autre article sur l'électrification en Afrique. Quoi ? Les deux tiers du continent africain ne disposent pas d'électricité ? Vite, je me rencarde sur le sujet, bricole un truc qui tient à peu près la route. Je prends le pli...

Les jours suivants, je me demande, quand même, où vont atterrir mes articles. Je fouille, je veille.

Au bout d'une semaine, enfin ! Je repère celui sur la junte thaïlandaise, par la magie des mots clés sur Google. Il a été publié sur Contrepoints.org, « journal en ligne qui couvre l'actualité sous l'angle libéral ». Ah. Ce média est reconnu par le Syndicat de la presse indépendante d'information en ligne (SPIIL). Mais à part le titre modifié, et deux phrases ajoutées, mon article y est retranscrit mot pour mot. Même mon accroche d'un goût douteux est restée intacte : « Au pays du sourire, seuls les professionnels de l'armement ont encore la banane. » Franchement, j'ai du mal à y croire. Je m'attends à ce que l'imposture soit rapidement démasquée, l'article retiré du site. Mais non. Et je ne suis pas au bout de mes surprises... Le papier – on parle bien de celui que j'ai écrit ! – est signé par un certain « Hugo Revon » (qui n'est pas moi, donc !), un « rédacteur web » qui « télétravaille depuis Bangkok, où il a posé ses bagages en 2014 ». Pour rendre crédible ce faux article, bricolé en quelques heures, on fait donc croire aux lecteurs que l'auteur vit dans le pays... Et on ne se gêne pas pour en rajouter une couche, histoire de lui donner des traits plus humains : « Amoureux de l'Asie, il envisage d'emménager à Taïwan début 2016 », conclut la petite biographie qui accompagne la photo d'Hugo.

Je fais quelques recherches sur ce rédacteur qui signe mon texte. Qui est-il ? Existe-t-il seulement ? Étrangement, je ne trouve rien sur lui en dehors de ses contributions sur Contrepoints. Sur Google Images, sa photo renvoie aux mots clés « hair salon » (« salon de coiffure »). C'est sûrement celle d'un mec qui venait juste pour une coupe… Certains, quand même, contestent. « Pourquoi Contrepoints persiste à donner la parole à ce petit morveux qui déblatère sur un pays qui l'héberge sans comprendre quoi que ce soit sur sa culture et sur sa fierté ? », s'étouffe ainsi « P du 78 », qui semble avoir l'œil. Mais son commentaire est rapidement supprimé. L'article, lui, six ans après, est toujours en ligne.

Quelques semaines plus tard, Hugo Revon « signera » un autre de mes articles sur la junte thaïlandaise, toujours sur Contrepoints. Et comme visiblement je deviens un spécialiste international du sujet, Public Relations Agency me commande dans la foulée une tribune sur le même thème... Elle est publiée, elle, sur le blog du Huffington Post, soi disant par Andrei Sorescu, « employé d'ONG en Europe de l'Est ». Là aussi, avec photo à l'appui... Je ponds une nouvelle tribune, encore : « Thaïlande : le recul inquiétant de la démocratie. » Direction le site de L'Express... Et elle est signée, pour une fois, d'un personnage réel ! Jaran Ditapichai, l'avocat leader des Chemises rouges (mouvement ouvrier d'opposition thaïlandais), en exil à Paris depuis 2014. Je ne saurai jamais qui sont les commanditaires de cette série d'articles contre la junte militaire, mais je commence à mieux comprendre les méthodes employées par l'Agence : j'ai mis le doigt, et même tout le bras, dans une agence de lobbying tous azimuts qui infiltre la presse...

C'est tellement énorme, tout ça, que j'ai du mal à y croire. Au point que ça me fait rigoler. Peut être par manque de morale, une sorte de cynisme froid, mais surtout par peur de manquer d'argent...

10 juillet 2022

Quand je vais à la plage, je prends avec moi un livre passionnant qui s'appelle "Les rivales » (**22**). Ça parle de Chris Evert et de Martina Navratilova. Mais pas que. Ça parle de l'émergence du tennis pro féminin, mais plus encore des années 70 et 80. De la misogynie, de la foi, de l'intention (tiens tiens). De l'amitié, de l'amour, d'entraînement, de rires, d'abandon, de souffrances.

C'est assez incroyable.
Pourquoi je vous parle de ça ?
Je repense alors aux matchs de Wimbledon que je regardais quand j'étais enfant, et après, j'allais jouer au tennis dans la rue, en face de la maison, avec les copains ou avec mon papa. Les balles partaient parfois dans les jardins des voisins. Et puis on arrêtait la partie parce qu'il y a avait un nouveau match. Genre Chris contre Evonne Goolagong.
C'était formidable.
Aujourd'hui, c'est une journée spéciale avec ma maman ici : je voulais regarder avec elle la finale de Wimbledon avec Djoko. Un truc en apparence simple, qui lui ferait plaisir. C'est important de faire plaisir aux mamans.
C'est diffusé sur Bein Sport. Payant et Quatari.
Putain d'époque.
Je hais cette époque.

20 juillet 2022

Sur une route, une nationale sans doute, après Arcachon, il y a un hôtel-restaurant-bar. La Guitoune. J'adore cet endroit. Je l'aime tellement qu'il figure dans le roman que je suis en train d'écrire. À proximité, la dune, qu'en bonne étrangère, je ne sais jamais écrire. Pilat ou Pyla?
Pas loin, des petites villes sublimes, surtout hors saison. Des couleurs extraordinaires. L'océan qui s'amuse avec le ciel.
Et ces pins qui résonnent comme un air d'enfance.
Ces pins qui brûlent depuis plusieurs jours.
Que se passe-t-il pour que ça ne s'arrête pas ?
J'ai lu, et j'en ai froid dans le dos, qu'un immense projet de panneaux solaires est à l'étude dans le coin. Beaucoup de locaux y sont opposés, car, si je comprends bien, ce projet pourrait dénaturer le site et nécessiterait que l'on arrache beaucoup de ces pins.
Sachant compter, sachant comprendre entre les lignes, je n'ose imaginer que le profit de quelques-uns expliquerait ce ravage. Je n'ose l'imaginer.
Pour l'heure, courage aux pompiers, aux habitants, aux animaux, à la nature.
Et en passant, ça ne serait pas du luxe de laisser travailler les pompiers qui ont refusé l'injection. La nature et notre planète méritent mieux que le piètre spectacle que nous proposons, nous, simples humains.

21 juillet 2022

Un arrêté qui stipule que tout s'arrête, c'est logique.
Un arrêté signé d'une chevalière de l'ordre national du Mérite, ça se mérite !
J'ai donc mérité, largement mérité, que mon ancienne vie professionnelle s'arrête.
Je ne regrette pas grand chose, malgré des moments compliqués, rarement douloureux, souvent insensés, quelquefois délirants.
J'ai souvenir d'avoir pu dire :
—Bon sang les enfants, on est dans le Truman show. Où sont les caméras ?

J'ai enfin trouvé la sortie de ce système, qui m'a nourrie, m'a permis de réaliser pas mal de projets, d'en accompagner aussi. Système contre lequel j'ai aussi bataillé, et que j'ai même fait tomber quand la maltraitance s'en mêlait. Tout en rigolant et en regardant tout ce cirque avec distance.
Parce que franchement, il n'y a pas d'autres moyens de tenir qu'avec beaucoup, beaucoup de distance et de détachement.
Je ne suis plus attachée à personne. Ma parole est désormais totalement libre.
D'autant plus libre que je suis partie sans rien, ni un penny ni considération. Peanuts. Et c'est finalement bien mieux ainsi.
Oui, je ne dois rien à personne, je ne dois plus rien à personne.
Dommage pour eux peut-être. Tant mieux pour moi.

La liberté est free !
Je vous salue bien bas de mon p'tit coin de paradis.
Et je pense à des tas de gens dont j'ai croisé la route lors de ces années départementales : Magali, Biskot, Sabrina, Chantal, Gwen, Coco, Florence, Carine, Karine, Cathy, Valérie, Carole, Jean-Michel, tant et tant de gentilles personnes.
Maintenant démarre une nouvelle partie, entre Faro et les Açores, entre l'Algarve et Madrid.
Vous savez ce qu'il vous reste à faire…

83 commentaires dont
Annette P. Apprécions la chance que nous avons de ne plus être dans l'entourage des démons et profitons de la vie loin de leurs embrouilles et arrangements malsains.
A eux les soucis, à nous la liberté !
Car L. Ce n'est pas donné à tous de pouvoir le faire. Il y a plein de paramètres à tenir en compte. Mais j'avoue, ce changement radical n'est pas pour me déplaire.
On se cherche tous quelque part un petit coin de paradis en ces temps de profonds changements
<u>Magali D. Bises du Truman Show…. J'ai pas encore trouvé la sortie mais je cherche…</u>

23 juillet 2022

C'est pas tout ça, d'arrêter d'un côté, et commencer ou plutôt continuer de l'autre.

Je dis toujours, c'est la vie qui va.

Qu'est-ce qui fait que nous avons ce besoin de la remplir.

La remplir de quoi ? D'amour, de travail, de projets, de dîners, de sport, de musique. De tout de qui nous fait du bien. Ou pas.

Puis-je vous parler en filigrane de quelques projets qui arrivent, qui sont en cours, qui mûrissent ?

Yes, I can.

D'abord, un livre de 30 témoignages : des personnalités fortes de Marseille qui racontent la naissance de leur passion, de leur œuvre, de leur entreprise. Leur vie avant le 17 mars 2020. Et leur vie depuis ce moment de bascule incroyable : le confinement.

Presque fini d'écrire. Presque.

Vous me direz si ça vous tente, de découvrir ces histoires singulières. Mais qui sont ces 30 ?..

De votre envie dépend la forme de ce livre.

On en reparle tout bientôt.

Un autre projet, en cours lui aussi, lancé et tenté à l'automne 2020 et, sinon abandonné, du moins mis de côté : le récit des Municipales à Marseille, et la suite.

Les amis, vous allez l'avoir, cette histoire-là : j'ai relu les 200 et quelques pages déjà écrites, et sans m'envoyer des fleurs, je me suis régalée. Vous me donnez l'été et on le sort ensemble ?
D'autres projets, un roman sur une histoire de sœurs de cœur dans les années 70/80, entre les US, Pyla et Berlin…
Et un 3e « K & L se baladent dans la vie ». : une année en Algarve.
On va prendre ensemble les choses une par une et on y va ! Go Go les amis !
39 commentaires dont
Michel R. Un bien joli programme, ma foi. Les témoignages m'intéressent, tu t'en doutes (on ne se refait pas !). Les municipales, bien sur c'est du passé mais l'idée de redécouvrir l'événement au travers d'une autre grille de lecture, comme vu de l'intérieur, me tente bien. Quant aux histoires de cœur, elles me font moins palpiter mais pourquoi pas . Go Go ... comme dirait une de mes amies …

4 août 2022

Parfois ce sont nos pas qui nous mènent quelque part. Parfois un guide touristique. Parfois c'est juste la vie.

Hier dans la soirée, ce détour par une petite ville d'Algarve, près de Portimao et ses innombrables touristes aoûtiens, m'a donné l'occasion de causer un peu. À Alvor, en s'éloignant des rues principales où ne siègent que des restaurants et des bars, avec leurs airs de Duval Street à Key West, vous rencontrez des gens qui vivent tranquillement, été comme hiver, et qui se foutent pas mal de savoir s'il faut mettre ces saloperies de crèmes solaires (pleines de saloperies justement). Non, ils se mettent à l'ombre en attendant la fraîcheur crépusculaire venue de l'océan. Et ils brodent. Ils tricotent. Ils discutent, ils nettoient les moules. Ils jouent avec le chien, regardent le chat.

Et ils vous sourient. Toujours.

Simples, authentiques, calmes : hier soir, on m'a appris comment chasser la tristesse.

Quelques photos "no-filter" d'une courte balade dans un village d'Algarve. Pour consoler quelqu'un qu'on aime, pour se consoler un peu soi-même, se laisser émerveiller des portes bien vieilles, des dames bien gentilles qui racontent la chaleur (du sol ou de leur cœur ?).

Pour prier un peu et se détacher des mauvaises vibrations, les laisser loin derrière et projeter son âme vers des projets sains, fous, paisibles.

Ce petit village s'appelle Silves. Il a été mon copain de l'après-midi. C'était bath comme rencontre. Je lui revaudrai ça.

29 août 2022

Mais qu'arrive-t-il dans le monde actuel pour que même elle, même Virginie Despentes, soit désolante ?
Ce *« Cher connard » (*23*)* est une désolation. Il m'arrive très rarement d'écrire sur une œuvre que je n'aime pas, estimant que je n'ai pas à descendre quoi que ce soit ou qui que ce soit.
Sauf que là, en l'espèce, les médias habitués aux courbettes, vendent ces lignes indigestes comme le roman de la rentrée.
Dieu sait que je l'ai aimée, Despentes. Son écriture agressive, brutale, remuante, ses personnages uniques et déjantés, attachants toujours malgré leur dégueulasserie.
Dieu sait que j'ai raffolé d'*Apocalypse Bébé*, son meilleur à mes yeux. Je l'ai tellement aimé, celui-ci, que j'ai même utilisé l'un de ses personnages dans mon 2e modeste roman (*« Point de fuite »)*, excellent au demeurant.
Qui n'était pas l'évènement de la rentrée ni de l'hiver, mais qui en jetait plus que ce *« Cher connard »* !
À la page 59, Despentes fait dire à Rebecca ceci:
—« La plupart des artistes ont trois choses à dire.
Une fois que c'est fait, il ferait mieux de changer d'activité. »
Voilà.

Le contexte :
la sortie de mon récit politique sur les Municipales 2020 à Marseille.

21 septembre 2022
C'est toujours très émouvant quand un objet littéraire vous échappe. C'est aussi un moment très attendu. C'est avant tout un moment de partage, d'échange, une sorte de petit saut dans le vide aussi.

Va-t-on être comprise ? Va-t-on d'une certaine manière séduire ? Emporter l'adhésion ? Faire rire ? Ou même sourire ? Et surtout, surtout, va-t-on être lue ?

J'ai toujours mis l'écriture sur le même plan que l'amour : c'est un moment d'ivresse, d'illusion aussi, de rêve, de désir, de besoin d'être aimée, d'être regardée par l'autre, de se sentir très vivant grâce à l'autre. Un moment d'euphorie qui fout la trouille, ce truc dans le ventre à la fois agréable et tétanisant.

Ce besoin-là révèle également une faille en nous, mais qui n'en a pas ?

"L'agonie d'un sous-marin dans un champ labouré" est un drôle de titre pour une drôle de campagne politique dans une drôle de ville avec de drôles de personnalités.

Vous pouvez commander dès aujourd'hui et en avant-première *"L'agonie d'un sous-marin dans un champ labouré"* sur le site de l'éditeur BoD, avant qu'il ne soit disponible partout, y compris

en ebook, dans une bonne semaine (Fnac, Cultura, Amazon, vos libraires et toutes les plateformes imaginables).
Moi, j'aime l'idée du circuit court, du producteur au consommateur sans trop d'intermédiaire. Mais vous ferez comme vous voulez.
J'ai voulu aussi dédier *"L'agonie d'un sous-marin dans un champ labouré"* à deux personnes chères à mon coeur.
À ma p'tite maman bien sûr, qui n'aimait pas la politique mais a toujours encouragé mes choix ; à l'ami Vartan Arzoumanian, qui adorait la politique et qui s'est échappé de cette vie-là si jeune, il y a deux ans.
Tout ça et le reste me font dire qu'il est plus que temps de s'amuser, en rappelant cette phrase de Coluche que je fais mienne :
"Je ferais admirablement remarquer aux hommes politiques qui me prennent pour un rigolo que ce n'est pas moi qui ai commencé. »
Pour commander en avant-première : www.bod.fr, rubrique librairie.
https://www.bod.fr/.../lagonie-dun-sous-marin-dans-un...

31 commenraires dont
Stéphane M. J'ai de hâte de vous lire. Merci d'avoir eu un mot pour Vartan que j'ai côtoyé pendant plusieurs années à la mairie du 13/14. J'espère que vous aborderez un fait majeur de la campagne de 2020 : le maintien de Berland dans le 6/8

Stéphane B. J'adore le titre !
Christian D. Ton livre est déjà sur l'e-book d'Apple. Je l'ai acheté. Je te dirai. Amitiés.

3 octobre 2022

Ce week-end, il m'est arrivé un drôle de truc. Une drôle de sensation, presqu'indéfinissable mais évidente : j'ai décidé d'être heureuse et libre.

Vraiment difficile d'expliquer. Comme un détachement, mais pas un éloignement. Non, simplement une acceptation d'une certaine solitude, ce qui n'interdit pas la sollicitude, l'amitié, l'amour, les rires et les larmes.

Mais une drôle de sensation quand même, nouvelle et impossible à repousser.

Peut-être est-ce lié à ce récit politique, que j'avais en moi finalement depuis longtemps et que j'ai enfin pu vous livrer. Heureuse et libre de le faire.

Je me souviens, début juillet, quand je me suis réveillée un dimanche matin avec cette envie "d'en finir" avec ce livre, de quelques appréciations de proches :

Darling husband: fais-le puisque tu en as envie.
Ma belle enfant : c'est une bonne idée maman.
Lina : Oui, vas-y, fonce et défonce tout !
Valérie : As-tu besoin de te replonger dans la politique alors que tu es si bien au Portugal ?
Ma p'tite maman : Oh, toi et ta politique, hein.
Bruno : Top, tu vas me régaler aussi !
Etc.

Et puis, ce week-end, alors que j'étais seule, que je m'activais à la guesthouse, à la plage et aussi au cimetière pour la p'tite maman et sa mémoire terrestre, m'est venu ce truc, indéfinissable donc.
Être heureuse et libre malgré les défaites, les éloignements, les ruptures, les peurs, les douleurs.
Être heureuse et libre grâce aussi à tout ça, et encore plus : grâce à l'amour, toujours, à l'amitié, toujours, aux rencontres et aux découvertes, toujours, aux sourires qu'on envoie et qu'on reçoit, aux promesses, de l'aube ou du crépuscule, aux livres qu'on écrit et qu'on lit, aux plats qu'on déguste, à l'alcool qui reste quand même essentiel (je sais je sais...), au couple soleil-lune, à cet autre, ciel-nuages. À un chat qui câline et se marre. Aux palourdes que je vais aller pêcher bientôt, au petit jardin de la plage qu'il va falloir ré-inventer.
Merci aux premiers lecteurs, nombreux et ça, c'est top, qui me témoignent leur "régal".
"L'agonie d'un sous-marin dans un champ labouré" vit désormais sa belle vie, enfin envolé du nid.
Belle vie à toi, récit politique.
Go go !
En vente en papier et en ebook
-Chez www.bod.fr (rubrique librairie)
-Sur les plateformes habituelles (Amazon & co)
-Chez vos libraires en commande

10 octobre 2022

J'en viens, de ce drôle de métier (qui a bien changé) de raconteur d'histoires.

Journaliste : je me souviens, la première fois que j'ai cru que je serais un jour journaliste. À l'époque, le métier faisait rêver. Je devais avoir 16 ans, je faisais un footing avec ma cousine Colette dans le bois de Vaires/Marne et elle m'a dit :
—« Et pourquoi pas journaliste? Je t'y verrais bien. »

Je m'y suis vue et j'ai aimé ça.
Un jour, je raconterai cette période dans un autre récit. Toutes ces aventures, ces rencontres. Un jour.
Puis il s'est passé pas mal de décennies, j'ai été journaliste, j'ai adoré ça, puis je n'ai plus aimé du tout. Je suis partie faire de la communication institutionnelle, puis politique. Et j'ai retrouvé de nombreux camarades journalistes lors de la campagne de Bruno Gilles, en 2019-2020. Tous n'étaient pas des copains, bien au contraire. Question d'éthique. Je peux avoir un sale caractère et je ne me soumets guère. Ce qui déplaît. Et ce dont je me fiche d'ailleurs.
Dans cette campagne, j'ai fait beaucoup de choses dont la mission ô combien épique de m'occuper de la presse. Que de discussions, de sms, de groupes WhatsApp, de confidences, d'explications, d'invitations, d'agacements, de phrases parfois dures.

Que de moments incroyables, de rires, d'émotions, de lectures, de directs, de préparation.

Dans "L'agonie d'un sous-marin dans un champ labouré", je vous raconte aussi les journalistes et les médias : La Provence, MadeinMarseille et Narjasse Kerboua, La Marseillaise, Libération, Marsactu, Le Monde, Radio JM, France 2, l'AFP, Cnews, TF1, BFM, des journalistes canadiens, allemands, des étudiants, France info, France Bleu Provence, Europe 1 et tant et tant et tant.

Oui, j'en viens de ce drôle de métier de plus en plus difficile à pratiquer, me semble-t-il. Je leur rends hommage, à tous ces camarades même si j'aurais pas mal de reproches à faire à certains, un jour...

On fait tous ce que nous pouvons, n'est-ce pas? ...

"L'agonie d'un sous-marin dans un champ labouré ": www.bod.-fr, Fnac, Amazon, Cultura, votre libraire etc.

21 commentaires dont
Maurice D. N. Et moi à Eurosud je me rappelle nos rapports étaient formidables contrairement à certains journaleux.

13 octobre 2022

T'as beau être crevée, t'en crèves de trouver ça beau,
Je viens d'accueillir à Casa Saudade guesthouse un couple d'Écossais. Ils sont là deux nuits. À 10h 45 ce matin, ils attaquaient la bière en se marrant et en comparant leur bronzage au mien.
Blanc contre brun.
—Vous savez combien il faisait ce matin en quittant l'Ecosse ?
—No idea. 8 degrés ?
—4, me répond-il en me montrant sa main ! 4 !
—Ici ça n'arrive jamais, 4 !

On a parlé de la météo, de la vie si dure en Écosse et en Irlande.
—C'est pour ça qu'on est sympas, on sait ce que c'est que la vie dure. Pas comme les Français, a-t-il ajouté en me faisant un clin d'œil.

Hier matin, j'ai dit au revoir à Claire, de Belfast, qui voulait rester jusqu'à mardi tant elle aime Casa Saudade et Faro.
Elle est restée un peu avec moi à discuter de sa vie et de ses gros problèmes de santé. En buvant un verre de vin blanc, assise dans les marches comme une ado, elle m'a raconté Lourdes (un échec) et Fatima (une réussite).
Elle va revenir avec deux copines pas jeunes jeunes.

Quel joie simple d'accueillir tous ces gens simples et profonds. Beaux, en quelque sorte.

14 octobre 2022

C'est un sacré personnage comme on en croise peu. C'est un sacré personnage qui suscite autant de curiosité, de tendresse que d'agacement. Il le sait, ce sacré personnage.

Olivier Ubeda joue de son personnage et moi, pendant la campagne des Municipales 2020, ça m'a bien plu.

La première fois que j'ai entendu son débit de mitraillette, c'était en décembre 2019 ; nous cherchions un professionnel pour accompagner la fin de campagne de Bruno et notamment les meetings. Pour booster aussi les troupes. Olivier avait un peu parlé, m'avait bien écouté. J'avais à l'esprit le meeting qu'il avait organisé au Trocadéro (déjà) pour Nicolas Sarkozy, en 2007. Un truc impressionnant, des drapeaux français à perte de vue, une liesse difficilement égalable. Le meeting de la gagne. Et pourtant, Sarko n'était pas ma tasse de thé (que je ne bois jamais).

On a conclu l'affaire avec Olivier Ubeda, on a bien bossé. Je me souviens, il débarquait avec sa petite équipe et bam, ça partait à la fois dans tous les sens et tout était cadré. Pour moi, ça fonctionnait parce que ça partait dans tous les sens. Pour d'autres membres de l'équipe de Bruno, c'était agaçant.

Et puis, malgré des semaines de préparation, il n'y a pas eu de meeting. À cause du Covid.

Tout ça, je le raconte en détails dans *"L'agonie d'un sous-marin dans un champ labouré"*.

Depuis, Olivier Ubeda a travaillé avec Éric Zemmour et a organisé un autre meeting au Trocadéro. Des drapeaux français là encore à perte de vue. Ça n'a pas été le meeting de la gagne mais je me souviens avoir regardé ce meeting sur Youtube, depuis le Portugal, pour voir le métier. Quel métier. Zemmour n'était pas non plus ma tasse de thé (que je ne bois toujours pas). Peu importe, c'est le métier que je voulais observer.

J'ai alors écrit ce message à "cousin Ub", que nous avions surnommé ainsi avec quelques membres de l'équipe en 2020. Message qui l'a fait marrer :
—Olivier, si j'avais été plus jeune, j'aurais adoré travailler avec toi !

Quelle histoire !
En commande en papier et en ebook sur www.bod.fr (Rubrique librairie),
Sur vos sites habituels (et ne croyez pas Amazon qui annonce un délai d'un mois, voire plus),
Chez vos libraires,
Auprès de moi avec une dédicace, avec en plus un timbre portugais!

19 octobre 2022

Ça fait un moment que j'ai envie d'écrire sur la question du clientélisme. J'ai déjà un peu glissé quelques idées bien senties dans le récit politique dont Annette Placide vient d'en rédiger une critique. Je la remercie. Je pense qu'elle se demandait ce que j'avais bien pu écrire sur la question.

Car pendant cette drôle de campagne, comme la précédente, l'une des questions récurrentes des journalistes portait sur le clientélisme, dont ils accusaient à coup d'épée tels des d'Artagnan donneurs de leçons, Annette Placide présente sur la liste des 6-8 de Bruno Gilles.

Pourquoi Annette Placide?

Parce qu'elle a longtemps travaillé au cabinet politique de Jean-Claude Gaudin. Le même Gaudin accusé de tous les maux de la terre phocéenne.

Il y a des maux dont je l'accuse dans le livre et c'est incontestable que son bilan de 25 ans est contestable. Lisez "*L'agonie d'un sous-marin dans un champ labouré*" et vous comprendrez.

Le mal clientélisme n'est pas "gaudinesque". Il est politique. Il est l'essence même de la politique telle qu'on la pratique en France. Les politiques dans leur majorité ne parlent pas au peuple, ils parlent à leurs clients. Tous, sans exception.

Alors, s'en prendre à Annette Placide comme les journalistes l'ont fait pendant cette campagne, c'est pas terrible terrible et c'est surtout assez lâche. Ça nous a obligé, ça m'a obligé à certaines décisions parce que la meute est trop forte quand elle est lancée.

Mais si ces mêmes journalistes, si prompts à dénoncer, pouvaient aujourd'hui lancer les chiens sur ce qu'il se passe dans certains mairies de secteur, croyez-moi, vous en apprendriez de belles.

Incontestablement, la politique a besoin de valeurs, de cadres et de dignité. On s'en éloigne de jour en jour.

Merci Annette pour ta lecture, ta critique et finalement ton courage face au troupeau. Merci aussi d'avoir accepté mes critiques. Elles sont dans *"L'agonie d'un sous-marin dans un champ labouré »*.

26 octobre 2022

Faut-il avoir le cœur bien accroché pour traverser autant d'émotions en si peu de mois ?

Avec ma belle enfant, nous avons passé un week-end génial à Madrid. Ou, devrais-je dire, ma belle enfant m'a fait passer un week-end génial à Madrid.

Ça fait tout drôle d'être invitée chez son bébé (pardon Lucie).

On se demande quelle est la bonne attitude : vérifier que tout va bien ou juste faire confiance et savoir que tout va bien.

Tout va bien !

On a dîné de pâtes, de lasagnes et de burgers (pas très madrilènes), on a bu des coups avec les gentils copains Pietro, Jules et Ruben, on a joué à la roulette, gagné un peu (on aurait pu gagner beaucoup plus, hein Lulu, si tu avais misé le 16 comme je te l'ai dit).

Ces jeunes gens magnifiques m'ont emmenée en boîte, au Kapital.

Lucie a dit alors :

—C'est pratique de sortir avec sa daronne, les mecs restent à distance tellement ils se disent oh oh là on touche pas !

J'ai aussi découvert le Bernabeu stadium et c'est impressionnant. Aperçu de loin KB9 et son ballon d'or que Zizou l'aidait à porter. Ça doit être lourd, un ballon d'or.

Il a plu au stade, on a eu un peu froid mais on a bien rigolé et le Réal a battu Séville 3-1. Qu'ajouter de plus ?
On a parlé de la vie, de l'amitié, de la p'tite mamie, d'avenir. On a fait un peu de shopping, forcément et je n'ai pas trouvé le sac que je cherchais.
Madrid m'a donné le tournis tant il y a de monde partout. On perd vite l'habitude des grandes villes quand on vit au Portugal. Même Lisbonne semble paisible à côté !
Ma belle enfant a rempli mon cœur. Il reste toujours de la place dans cette espèce de chose qui bat pour la gentillesse et la douceur.
Je dois bien le dire ici : je suis sacrément fière de cette jeune fille qui a fini par me dire, allez savoir pourquoi :
—Maman, des fois on se demande qui a 18 ans et qui a 54 ans.
Je vois pas…

25 commentaires dont
Corinne L. Ça me renvoie les mêmes émotions que j'ai eues lorsque je suis allée retrouver mon fils aux States chez lui pour quelques jours et où j'ai passé entre autre une journée formidable avec lui à l'US Open.

11 novembre 2022

Je n'ai plus la TV française. Ça me manque un peu et je vais vous dire pourquoi : je n'aime pas repasser mais il le faut bien. Alors, je mettais « *Fais pas ci fais pas ça* » qui passait dans la soirée sur je ne sais plus quelle chaîne. Série vue et revue mais quel régal.

Bon, je n'ai plus la TV française. Est-ce que je repasse encore ?

Je n'ai plus la TV française mais j'ai, chaque soir que Dieu offre, les couleurs du ciel. Sans filtre.

Offrande de la nature.

Tant pis s'il reste un pli sur le chemisier ou le tee-shirt. Je suis attendue pour le crépuscule.

C'est quand même autre chose pour le moral et l'énergie que BFM & co.

Go Go vers la nature !

21 novembre 2022

Il y a des moments qui te prennent à l'improviste. Tu sais pourtant où tu es, pourquoi tu y es.

Pourtant, comme une vieille cicatrice qui ne demande rien mais que tu imagines pouvoir s'ouvrir à nouveau, un truc t'étreint, très fugacement.

C'est bizarre la mémoire. C'est bizarre un mécanisme.

On ne nous a jamais appris à vivre selon nos choix, à notre propre rythme. On nous a appris à respecter un système.

On ne sort jamais tout à fait d'un système mais on peut le laisser un peu derrière soi ou le mettre de côté.

J'écris ceci depuis un IPhone, c'est dire le paradoxe.

Mais je remarque que se lever un lundi matin avec plein de choses à faire pour soi, pour la guesthouse, pour la maison. Se dire, bon K., faut te mettre à la pêche aux palourdes.

Penser à Barrinha, ce bout du monde qui est aussi le bout de Praia de Faro et simplement aimer être là. Aimer.

Tout ça est aussi une façon de laisser à distance ce qui réduit, freine, empêche, contraint et désintègre.

Je pense à vous très souvent, mes amis, mes copains, mes connaissances, mes ex-confrères et collègues.

Très souvent.

Depuis mon p'tit bout du monde, je pense à vous et à ma façon, je prie pour que vous aussi vous trouviez votre p'tit bout du monde. Go Go !

28 novembre 2022

Je lui ai dit :
« Non, je ne suis pas écolo. »
J'aurais pu ajouter, mais elle le savait déjà : « *Je bénis et j'honore la nature, j'adore les animaux, je n'ai jamais jeté un papier par terre de ma vie.* »
Nous étions à Barrinha, au bout du bout de Praia de Faro.
Elle avait besoin de voyager, alors, comme elle m'a dit, « *Tu me fais redécouvrir mon propre pays.* »
Le coucher de soleil était exceptionnel. Je lui ai dit :
« *C'est pour ça que je crois en Dieu. Le reste, c'est l'affaire des hommes. Mais ça, c'est l'affaire du tout-puissant.* »
Elle a répondu : « *C'est clair.* »

Nous avons marché d'abord côté lagune, puis longuement côté océan ; alors que la nuit tombait, nous n'étions pas vraiment seules, précédées par une famille d'oiseaux qui sautillaient devant nous et semblaient s'amuser des vagues.
Nous avons parlé, notamment de notre enfance. Je garde pour moi ce qu'elle m'a raconté de ses grands-parents, ceux du Nord, vers Porto, et ceux d'Algarve, dans la montagne, entre Monchique et l'océan.
Nous allons faire et créer ensemble. Parce qu'une poésie identique semble nous animer et nous faire vibrer.

C'est beau, une rencontre, dans la vie.
Avec darling husband, nous avons rencontré Inès (avec un accent circonflexe que je n'arrive pas à mettre). Inês donc. Qui se prononce Inêche.
Mais ce qui compte le plus, c'est pas l'accent sur le e.
C'est la poésie d'Inês.
Merci au tout-puissant pour ce nouveau cadeau.

5 décembre 2022

J'ai une amie belge, qui m'est très chère. Nous nous écrivons chaque matin depuis des années et des années. Elle est auteure de livres érotiques, agrémentés de dessins d'une star du secteur, Bruce Morgan. Hier matin, je lui parlais de ma lecture du moment, « *Anéantir* » de Houellebecq.
Elle me répond dans la foulée :
—« *J'ai essayé 'L'île', mais je suis pas assez intello.* »

Faux, lui ai-je répondu ce matin, même s'il est vrai qu'il y a dans l'écriture de Houellebecq plusieurs niveaux de lecture. Comme une offre dans laquelle tu peux piocher.
Ainsi, de ce passage au 2/3 du roman, sur la condition des vieux en France et plus globalement en Occident. Pour rappel, le roman se déroule en 2026 et ça donne pas trop envie d'y aller dans ces conditions.
"*Dans toutes les civilisations antérieures, dit-il finalement, ce qui déterminait l'estime, voire l'admiration qu'on pouvait porter à un homme, ce qui permettait de juger de sa valeur, c'était la manière dont il s'était effectivement comporté tout au long de sa vie ; même l'honorabilité bourgeoise n'était accordée que de confiance, à titre provisoire ; il fallait ensuite, par toute une vie d'honnêteté, la mériter. En accordant plus de valeur à la vie d'un enfant (alors que nous ne savons nullement ce qu'il va devenir, s'il sera intelligent ou stupide, un génie, un criminel ou un saint)*

nous dénions toute valeur à nos actions réelles. (...) Dévaluer le présent et le passé au profit du devenir, dévaluer le réel pour lui préférer une virtualité dans un futur vague, ce sont des symptômes du nihilisme européen bien plus décisifs que tout ceux que Nietzsche a pu relever. (...) Alors non, je ne suis pas chrétien ; j'ai même tendance à considérer que ça a commencé, cette tendance à se résigner au monde présent, aussi insupportable soit-il, dans l'attente d'un sauveur et d'un avenir hypothétique : le pêché originel du christianisme, à mes yeux, c'est l'espérance."

Alors oui, Houellebecq n'est pas joyeux. Mais que de fulgurances chez lui. Lisez-le. Lisons tout court. Pour ne pas tomber dans les pièges tendus sous nos pas.
Bon lundi, en mots et en photos !

15 décembre 2022

Ce que j'aime avec le Sud de l'Europe, c'est qu'il n'y a pas besoin de filtres avec les photos. C'est sans doute vrai avec le Nord de l'Europe, et même avec l'Europe centrale mais ça me fait plaisir d'écrire qu'au Sud de l'Europe, les lumières se suffisent à elles-mêmes et à nous-mêmes !

À Séville, hors saison comme on dit dans le tourisme (de masse), ça claque. Du rouge, de l'ocre, du jaune, du bleu, du chaud. Oui, Séville, c'est chaud. C'est rose aussi, et très vert.

Séville, ai-je appris, est la 2e ville la plus chaude d'Europe. Après Cordoue, pour info.

À Séville, j'ai appris plein de choses. Qu'on pouvait fermer le Real Alcazar parce que la famille royale était peut-être là en train de prendre un thé. Qu'à la Casa dos Pilatos, nom choisi il y a des siècles en hommage à Jésus et à son parcours, croix sur l'épaule, on y a des liens avec la France et les Bourbon d'Orléans. Le monde est p'tit.

J'ai appris qu'une chambre d'hôtel 4 étoiles pouvait se louer 65€ en décembre et plus de 1 000€ en août.

Moi, en août, je suis à Praia de Faro !

Maintenant, on va aller faire un p'tit tour vers Comporta et Setubal, sur la côte Atlantique, avant un passage par Lisbonne.

Je suis certaine que là encore, pas besoin de filtres. On parie ?

31 décembre 2022

Bientôt une année complète. Une année complète moins 8 jours.
À Faro. En Algarve. Au Portugal. Dans un nouveau job. Un nouveau rythme. Un nouvel horizon. Un nouveau défi.
Presque une année déjà. À faire et défaire des cartons, à tendre l'oreille pour comprendre un mot, un son. À s'émerveiller de paysages nouveaux ou visités presque chaque jour.
A ne rien regretter, malgré quelques légères gamelles. À se dire hop, lève le menton, K., regarde au loin et repars.
À aimer toujours autant la vie et à remercier, qui ? Le karma, l'univers, la chance, la vie ? À remercier. Point.
À trouver que l'on peut faire des choix simples pour partager des moments… simples mais vrais.
À aimer de plus en plus la solitude tout en criant sa gratitude à être deux.
À aimer les absents, parce qu'ils ont été si présents et qu'ils sont toujours là, pas loin.
A s'enthousiasmer de demain, du Café Do Zé ou d'un verre au Lab terrace. À espérer la visite de la famille, d'amis, de copains, de connaissances. À souhaiter des retrouvailles.
À partir de janvier, j'écrirai une chronique régulière intitulée: *"Sinon, la France, ça te manque pas trop ?"*
Je vous raconterai. J'essaierai de vous faire rire, sourire. Peut-être réfléchir un peu aussi. De vous faire voyager. Un peu rêver.

Et puis, le 11 mai 2023 sortira un livre de 30 témoignages de personnalités marseillaises, en textes et photos. Titre: *« Comme des interdits. "*
Nous allons avoir plein de rendez-vous en 2023. C'est bath, non ?
Je vous souhaite une Feliz ano novo.
Pourvu qu'elle soit douce…

2023

L'année de l'installation

Le contexte :
Une photo d'un homme promenant son chien à Praia de Faro, au crépuscule.

2 janvier 2023

Je ne sais pas pourquoi mais cette photo prise le 30 décembre à Praia de Faro m'émeut. Cet homme avec son chien qui jouent ensemble, sur fond de coucher de soleil. J'aimerais bien avoir un chien (Ne le dites pas à Paillette) mais c'est trop de contraintes. Notre choix de vie impose le moins de contraintes possible. Une forme d'oxymore dans cette phrase mais c'est l'idée.

Alors, j'observe avec tendresse les gens avec leurs chiens sur la plage. Je regarde les chiens jouer, courir, langue pendante, heureux comme Baptiste.

Et je suis émue par trois fois rien.

7 janvier 2023

Il y a un an, il y a un siècle, il y a une éternité.
J'étais dans un aéroport, avec ma p'tite maman un peu stressée et Paillette, carrément stressée. Les deux me regardaient avec des yeux quémandant de la sécurité.
Darling husband allait nous rejoindre quelques jours plus tard en voiture, avec une traversée de l'Espagne comme nous les aimons, pour ressentir le temps et les kilomètres qui filent sous les roues. Et regarder dans le rétroviseur ce qu'on laisse derrière soi.
Il y a un an, il y a un siècle, il y a une éternité, je prenais deux avions pour atterrir vers minuit à Faro. Il faisait 14 degrés, je m'en souviens parce qu'Alexio, notre chauffeur de taxi m'a dit :
Il fait froid en ce moment à Faro. 18 dans la journée, 14 la nuit.
Je lui ai répondu : Non, il fait bon.
J'ai appris par la suite que les Portugais adoraient parler de la météo.
Je parle souvent du temps qu'il fait, du coup.
Il y a un an, il y a un siècle, il y a une éternité, je me réveillais au soleil de Faro, dans la vieille ville qui chaque jour m'offre son soleil, ses pavés et ses secrets.
La chance sourit aux audacieux.
Quelle audace il a fallu.
Merci la chance.
Go go, vous aussi !
Roulez, marchez, volez vers vos rêves.

10 janvier 2023

Chronique 1 :
"Sinon la France, ça te manque pas trop?"
Nous vivons dans une époque où des ordinateurs demandent à des êtres humains de prouver qu'ils ne sont pas des robots.
Nous vivons une époque où la plus belle des cathédrales brûlent à Paris, emportant dans le feu sa flèche légendaire... Et où Brigitte Macron, de plus en plus Marie-Antoinette, aurait exigé, selon le dernier livre de la mère Bachelot, qu'elle soit remplacée par une "sorte de sexe érigé entouré à sa base de boules en or." Bref, une b-i-te et des c...lles.
Nous vivons une époque où cette même Mère Bachelot, ancienne ministre de tout et chroniqueuse mondaine à la télé française, et qui nous coûta en 2009 un pognon de dingues pour essayer, déjà, de nous refourguer des vaccins contre une grippe, proclame à l'ORTF, sur France 5, qu'il y a bien trop d'églises en France. Et qu'il va falloir en détruire.
Je vis une époque où dans mon pays d'adoption, il y a des églises et des chapelles à tous les coins de rue, des cigognes sur les cheminées et des gens qui prient, se recueillent et se parlent encore, se sourient et s'étreignent. Avant d'aller au café du coin partager un moment.
Je vis une époque où, en m'éloignant de ces mères maquerelles nourries par l'argent public des Français, je respire, m'agace en-

core un peu quand je tombe sur ces conneries décadentes mais laisse derrière moi cet air du temps vulgaire.

Vous vivez une époque en France où, si vous continuez collectivement et benoitement (Paix ait son âme) d'accepter tout ça, ça va mal finir.

Alors, comme ils cassent tout, bistrots, boulangeries, artisans, églises, services publics, culture, élégance, bref toutes ces pépites qui ont fait la France, je m'en vais prier pour vous, remettre du Eddy Mitchell et son "*pas de boogie woogie avant la prière du soir*".

Pour ceux qui n'ont toujours pas compris le scénario de cette époque épique, vous me direz deux Avé et trois Pater, non mais. Amen.

23 janvier 2023

Hier, en marchant dans Porto et ses alentours, je m'interrogeais : c'est si difficile de photographier des bâtiments. Je trouve ça pas évident du tout. C'est pas facile non plus de capter des personnes, le regard qui tue ou le sourire qui enchante. Je m'interroge aujourd'hui sur ma capacité à capter Aveiro où je vais aller faire un tour. Hier, je suis tombée sur une famille qui tient un petit resto en face de Porto. J'ai eu envie de les faire poser et les prendre en photo. Je n'ai pas osé. Je le regrette. Mais c'était bien quand même.

Je m'interroge aussi, après être passée samedi par le centre de la photographie, une ancienne prison : que de photos de drames, de morts, de guerres. Ça m'a pas déprimée mais pas loin.

Moi, j'ai envie de prendre en photo des gens qui sourient. Peut-être sourient-ils pour cacher leurs chagrins. Mais au moins ils sourient.

Qu'en pensent de tout ça mes camarades photographes ?

29 janvier 2023

Chronique 2:
« Sinon la France, ça te manque pas trop? »
Il est 10.45 à Faro. Domingo. Premier jour de la semaine au Portugal. Savez-vous comment on dit lundi ici ? Segunda-feira.
Dimanche matin devant la TV et je ne regarde pas la messe. Quoique. Je regarde la finale de l'open d'Australie... en portugais.
Bon sang, si le match dure 5 heures, les progrès que je vais faire. À ce rythme, la chronique numéro 3 sera en portugais !
C'est toujours mieux de choper quelques mots par ci par là que de se taper les commentaires de Lionel Chamouleau et ses acolytes qui, quand ils commentent Roland-Garros, sont dans la tête de « Rafa-Djoko-Rodger ». Quelle purge...
Les meilleurs commentateurs français étaient sans nul doute le duo Hervé Duthu et Jean-Paul Loth. Drôles, cultivés, fins.
Exatemente comme les commentaires portugais !

4 février 2023

Peut-on écrire mieux l'amour heureux que Françoise Sagan ?
Je vous l'demande !
L'amour heureux, c'est l'amour simple, généreux, libre, intense, passionné de l'autre, de ses failles et de ses fulgurances.
L'amour heureux, c'est l'amour patient, rempli de rires et de revirements, parfois de doutes balayés par une nouvelle aventure.
L'amour heureux, c'est l'amour qui tient éloigné l'ennui et la vulgarité. C'est l'élégance de l'âme et la beauté du corps. Et l'inverse !
L'amour heureux, c'est darling husband.
Je le lui ai redit ce matin, grâce à Sagan.
Pas mal !

9 février 2023

Espectacular.
Miguel a dit au directeur du club: espectacular.
Fière j'étais comme si j'avais un bar-tabac (vieille blague de Coluche).
Je ne crois pas avoir joué hier de façon espectacular, avec ma raquette vintage un peu lourde en tête et mon cordage qui faisait des bing et des bang à force d'avoir traîné partout.
Mon cerveau allait incontestablement plus vite que mes jambes et mon bras, mais j'm'en suis pas trop mal sortie avec le coach Miguel qui envoyait des scuds puissants mais amicaux. Mais puissants.
Je n'avais pas joué depuis plus de trois ans. Je rejoue la semaine prochaine.
Selon l'expression consacrée aux personnes de mon âge (17 ans d'âge mental), y'a de beaux restes. Presque espectacular.

20 février 2023

Chronique 3 :
« Sinon la France, ça te manque pas trop ? »
Je m'en délecte encore. Samedi soir, avec darling husband, nous avons réfléchi un bon moment.
Comment ?
Comment cuisiner ces huîtres et ces palourdes offertes quelques heures auparavant par notre ami pêcheur Nuno ?
Nous avons trouvé. Je me suis souvenue des palourdes au thym de Delphine, du restaurant marseillais Chez Madie-Les Galinettes. Delphine, tu es mon modèle !
Et puis dimanche matin, je regardais un peu les réseaux sociaux. Ça a suffi à tomber sur des histoires de farine d'insectes qu'ils vont donc foutre un peu partout, histoire d'empoisonner encore un peu plus le corps humain. Comme s'il ne l'avait pas déjà été assez, empoisonné. Entre les colorants, les adjuvants et autres saloperies, la fast food et les produits surgelés sans goût...
Alors, c'est vrai que parfois, la cuisine d'Algarve n'est pas toujours raffinée mais au moins, elle est saine. Simple. Bonne.
La semaine prochaine, je vais tenter, pendant que la France disserte jusqu'à épuisement et intoxication, sur les dérives d'un humoriste si peu drôle, sur la vulgarité de députés et des ministres si peu utiles, oui je vais essayer de pêcher des palourdes et des couteaux.
Alors, c'est pas révolutionnaire, mais c'est sain, simple et bon.

Il n'est pas né celui qui me fera bouffer, même par inadvertance, des insectes.
Sinon, la France ne me manque pas trop, non. J'ai pas le temps, je dois trouver où pêcher mes palourdes. Pour la recette, c'est bon, j'ai trouvé. Et réussi !

7 mars 2023

Chronique numéro 4 :
« Sinon la France, ça te manque pas trop? »
Je me demande depuis hier comment je dois dire:
Aujourd'hui, c'est l'anniversaire de ma p'tite maman.
Ou
Aujourd'hui ça aurait été l'anniversaire de ma p'tite maman.
Complicado.
Hier lundi, je suis allée récupérer la plaque de marbre.
Ma p'tite maman avait horreur du marbre, mais c'est un minimum pour faire propre et pour pas que la photo ne s'envole.
Le marbrier, c'est un vieux monsieur. J'ai eu du mal à trouver sa boutique. Moi qui ai habité à dix minutes de Saint-Pierre à Marseille, forcément je cherchais la succursale.
Mon marbrier, il travaille dans sa p'tite maison, à son rythme, avec le crayon de papier coincé derrière l'oreille.
Avec ma belle enfant, on a choisi la photo, la dernière de ma maman. On a choisi la phrase, issue de la chanson de Benjamin Biolay, « *Mon héritage* ».
J'ai écrit: « *Près de toi tout le temps* »
Entre temps (avec un s), le près de toi à été raccourci et amputé de son S.
J'ai rien dit, ça m'a fait marrer.
La plaque est jolie, typique, unique.
C'est un drôle d'anniversaire.

Du coup, je m'en vais manger le plat préféré de ma p'tite maman, des palourdes.
Loin de Saint-Pierre et de ses usines à hommages.
Non là où je vais, c'est mon paradis.
Là où on aimait partager des p'tits moments de bonheur inoubliables.
À la portugaise, simples et sains, ces p'tits moments. Au pluriel… Avec un S.

10 mars 2023

Une guest britannique, une jeune lady qui voyage seule, m'a ce matin posé la question: vous êtes là depuis combien de temps ?
—14 mois, ai-je répondu.

—Oh, a-t-elle remarqué, c'est une histoire toute fraîche.

Une histoire toute fraîche où l'on ne compte pas encore en années mais en mois.
Un peu comme un bébé dont on dit : il vient de fêter ses 7 mois. Ou ses 14 mois.
Après on fête les 10 ans, les 18 ans, puis les 20 ans…
Je regardais du coup dans mon téléphone les photos de mars 2022.
Non pas pour ne pas refaire à l'identique. Bien que cela pourrait m'amuser. Comme dans ce roman de Paul Auster où le personnage principal fait une photo chaque matin, à la même heure et au même angle de rue. J'ai oublié le titre, désolée.
Je regardais les photos pour me souvenir… des premières semaines. Sans nostalgie, au contraire.
Que de chemin parcouru depuis… ces mois !

28 mars 2023

Chronique numéro 5 :
« Sinon la France, ça te manque pas trop ? »
Je ne sais si cela est dû aux manifs qui s'intensifient un peu partout et pas seulement en France, à quelques rares prises de conscience qui, progressivement, émergent.
Quelque chose me dit que 2023 est une année étrange, brutale et charnière.
Je lis ici ou là des connaissances ou des copains qui s'engagent. En écrivant ou en confiant : si si, je t'assure, il ou elle est sincère. (Je refuse l'écriture inclusive et le iel). Donc, j'ai lu ce matin : si si, Edouard Philippe est sincère. Éric Zemmour est sincère. Martinez, Philippe pas Olivier, est sincère. Rousseau, Sandrine pas le douanier, est sincère.
Il y a un phénomène assez connu quand l'angoisse est trop présente, trop pesante : le cerveau trouve un moyen de faire descendre la pression tant c'est insupportable.
Ça passe par le déni, le retricotage du réel, le footing ou l'engagement politique. Entre autres.
Pour tenir l'angoisse à distance, j'occupe mon cerveau, mon cœur et mon cœur à des activités : j'observe les oiseaux, je photographie des couchers de soleil, j'écris. Et je joue.
Après la reprise du tennis, j'ai enfin testé le padel.
Rien à voir et pourtant…

Vous avez envie de parler des vrais sujets importants avec moi ?
La prochaine chronique comparera le tennis et le padel.
Les choses sérieuses vont commencer.
Promis, on va s'attaquer au dur du dur.
Sinon, et comme je peux pas m'en empêcher, ils étaient où les manifestants et les rebelles quand on masquait et maltraitait nos vieux et nos enfants ?
Ah oui, je me souviens, ils étaient occupés à boire des cafés debout, ou assis, pour éviter un virus. Et sans doute faire descendre l'angoisse et la pression.
Fan de chichoun, quelle époque épique quand même.

31 mars 2023

Chronique numéro 6 :

« Sinon toi, la France, ça te manque pas ? »

Hier, j'ai participé à ma première manif portugaise. J'ai applaudi aux revendications, si j'avais pu j'aurais sifflé entre mes doigts.

La manif, qui n'a servi à rien, comme toutes les manifs, portaient sur l'avenir de ce qu'on appelle au Portugal les AL. Autrement dit les « Alojamento local », l'autorisation donnée pour exploiter une guesthouse ou un Airbnb. Difficile de résumer en quelques lignes l'histoire : le gouvernement, pas seulement socialiste mais tenu par des alliances improbables qui ne tiennent qu'à un fil, tente de sauver ses meubles en prétextant trouver la solution au problème du logement au Portugal.

Donc, évidemment, ce même gouvernement s'en prend aux investisseurs, aux entrepreneurs. Un classique en politique : se faire passer pour Robin des bois. Mais quand on connaît un peu la politique, on sait que le pognon de dingues qu'il y a partout ne ruisselle jamais.

Alors j'ai fait ma première manif pour défendre le droit de bosser.

De bosser plus.

En France, ça manifeste pour travailler moins longtemps.

Ça n'est pas un paradoxe.

C'est juste que je me dis une chose, moi qui ai tant fait de politique :

Le monde se porterait peut-être pas plus mal si les politiques s'occupaient de leurs affaires et pas des nôtres... Si les politiques allaient voir du côté de la fraude fiscale gigantesque de 5 grandes banques françaises (je vous laisse vous renseigner par vous-mêmes) et pas des modestes initiatives de chefs d'entreprises qui font travailler beaucoup, beaucoup de gens.
Et qui paient beaucoup beaucoup d'impôts. Si les petites gens, qui font le nombre, étaient payés décemment...
J'ai discuté avec une de mes femmes de chambres, que nous payons deux fois le smic horaire portugais : elle était favorable à la loi logement. Je lui ai dit :
—Ok, Amalia, avec cette loi, on ne pourra peut-être pas ouvrir une autre guesthouse et vous donner plus de travail.

Il y a eu un silence puis elle m'a dit :
—Alors, cette loi est mauvaise.

J'ai applaudi.

Le contexte :
Alors que la France s'enfonce de plus en plus dans le marasme… Je commence tranquillement le padel !

6 avril 2023

Chronique numéro 7 :
Sinon la France, ça te manque pas trop ?
Breaking news : non, je ne vais pas parler de la nouvelle humiliation à l'internationale de Manu le malin, en Chine cette fois-ci, ou de l'effroyable aveu de Hollande, meilleur en pédalo qu'en dignité, sur les accords de Minsk de 2014 absolument pas respectés.
Non non, je ne vais pas parler des banques qui un peu partout frétillent ou de Christine Lagarde qui annonce tranquillou billou pour octobre prochain l'euro numérique, hop hop emballé c'est pesé.
Non non non, ça suffit la politique.
En revanche, comparons le tennis et le padel. Car oui, j'ai testé, enfin, ce drôle de sport, mi-tennis mi-squash.
Ça me plaît. C'est rapide, marrant, stratégique, technique, solidaire, vif. Bref, c'est bath !
Pour notre deuxième leçon avec coach Miguel, nous avons terminé par un petit match : lui, un des meilleurs joueurs nationaux, avec darling husband, contre ma belle enfant et moi-même. J'avoue, je suis un peu perdue sur le court, avec cette his-

toire de vitre sur laquelle la balle peut rebondir. Ou ce coup d'attaque qu'est... le lob.
Mais que ça me plaît.
Seulement, ça procure un plaisir différent du tennis. Sport qui reste pour moi esthétique, subtil, puissant, psychanalytique.
Mon sport, à qui je vais faire quelques infidélités. Tout en lui déclarant mon amour infini. Un peu d'ouverture, que diable !

14 avril 2023

Chronique numéro 8 :
Sinon la France, ça te manque pas trop ?
Je rentre à peine de mon coaching tennis avec Miguel. Quelques vagues alertes d'info : le Conseil constitutionnel, c'te vaste blague, et Hubert Falco, maire de Toulon condamné pour s'être allègrement servi.
Bah, là où il y a de la gêne, y'a t'il du plaisir ?
Alors, donc, les Français s'opposent à l'inacceptable après avoir subi l'inacceptable.
Quel drôle de peuple.
Ce soir, j'ai juste envie d'écrire que ma chère France, il y a peu, je suis venue te dire que je m'en vais, et que si la vie ne vaut rien (hein les gars du Forum de Davos, de chez Mac Kinsey ou Manu le malin), rien ne vaut la vie.
Que je ne veux pas travailler, même si le travail c'est la santé, bien que rien faire, hein…
Après ce coaching du tennis, je réalise à quel point le temps nous file comme du sable entre les doigts. Où sont mes jambes de 20 ans ? La vie file et t'as beau garder la forme, avoir la chance d'avoir hérité d'une putain de génétique, tes jambes de 20 ans ont foutu le camp.
Contrairement à ta tête qui semble exploser de bonheur, d'idées, d'envies.

Bosser jusqu'à pas d'âge quand le métier demande des guiboles de 20 ans est un cauchemar.
Créer et imaginer sans limite est possible.
Alors, je vous l'avoue, j'ai presque honte de mes votes en 2017 et 2012.
Mais fort heureusement, comme j'ai dit un jour à quelqu'un, *wake me up before you go go*. Du coup, je me suis mise à chantonner *Wake up Stand up for your rights*.
Et à écouter en boucle cette chanson de Rone, Spanish breakfast.
Je vous laisse découvrir si vous avez un brin de curiosité.
Go go les amis :
« *Nous ne sommes pas surnuméraires. Nous sommes nécessaires.* »

Le contexte :
Trois ans déjà que Christophe, « mon » chanteur » est mort.

16 avril 2023
Il y a trois ans, nous étions alors en plein confinement délirant, j'ai reçu un message de ma chère amie Alexandra. C'était un dimanche :
—Tu sais que Christophe, "ton" chanteur, est en réa ?

Non je ne savais pas.
Mal soigné, comme tant à cette période, embarqué dans un train pour Brest, Christophe est mort dans une ville où il n'a jamais chanté. Avant la fin, l'équipe médicale lui a passé du Lou Reed. « *Just a perfect day* ».

Ce vendredi matin d'avril, darling husband m'a réveillée vers 6h du matin. M'annonçant le départ de Christophe. J'ai dit :
—Tu vois, il me l'a dit.

Deux trois jours avant en effet, j'allume mon ordi et Spotify et cet extrait d'une chanson (*La petite fille du 3e*) que je n'écoute jamais sort, comme par magie :
—Le monsieur du 2e a dit qu'il allait mourir demain.

Je dis alors à darling husband et à Lina :

—Christophe ne va pas s'en sortir.

Troublant.
Il ne s'en est pas sorti mais il est toujours là.
Encore plus troublant, alors que j'étais à Paris au 15 août 2020, je vais au cimetière Montparnasse me recueillir sur sa tombe.
Dans les oreilles, une reprise d'une chanson de Julien Doré, *Corbeau blanc*.
Pour moi, impossible de trouver la tombe. Je passe devant deux fois sans la voir.
Quand un corbeau, noir celui-là, se plante face à moi. Là, la tombe de Christophe.
Trois ans déjà. Sans concert mais à redécouvrir des morceaux.
Et à toujours s'en délecter.
La force de la création.
God bless you, "Mon" chanteur.

Le contexte :
Frédéric Mitterrand, qui a écrit il y a une dizaine d'années un livre sur ses saloperies sexuelles, se fait prendre en photo dans Paris-Match **(24)** déguisé... en Brad Pitt.

20 avril 2023

Chronique numéro 9 :
Sinon la France, ça te manque pas?
Pas trop, non. Il paraît qu'un ancien ministre de la Culture, non content déjà d'avoir raconté dans un livre, en s'en vantant, des saloperies qu'il faisait avec des pré-pubères en Thaïlande et certainement ailleurs, se prend maintenant pour Brad Pitt.
Cet asile à ciel ouvert qu'est devenue la France, et plus exactement ceux qui la ou l'ont représentée, laisse sans voix.
Et quel nouveau scandale cache cette grotesque, pathétique et ridicule séance photo ?
Après la mère Schiappa, tentant de faire oublier le scandale d'état du fonds Marianne (Je vous invite à vous y intéresser tellement l'indignité est lourde) en posant dans un magazine que nos anciens cachaient dans l'établi de leurs ateliers, après le Chef de l'État philosophant dans Pif gadet, pour faire oublier... à peu près tout...

Voila donc Frédéric Mitterrand en total dédoublement de la personnalité.

La semaine prochaine, c'est Élisabeth Borne grimée en Sophia Loren, Gérald Darmanin en Al Pacino, Gérard Larcher en Marlon Brando ?

Je ne sais pas comment vous faites, chers camarades de France, pour supporter tous ces branquignoles.

Vous allez me dire :

—Comme toi, K. On n'allume plus la TV, on n'achète plus trop les magazines. On regarde une série de temps en temps, un bon bouquin, et au lit.

Vol au-dessus d'un nid de coucous, le retour.

23 avril 2023

Il y a trois ans, la France était confinée et je marchais tous les après-midis dans le centre-ville de Marseille désert. J'en ai tiré deux livres de balades, de photos et de textes, qui m'ont aidée à tenir le coup, à rester dans le mouvement. Ces deux livres, *"K & L se baladent dans la vie (et à Marseille)"*, toujours disponibles pour les curieux, font l'éloge de l'affection, du soutien, de la découverte, de la perspective, de l'art, de la création et de l'amour sous toutes ses formes.

Puis, lors d'un autre confinement, une idée m'est venue que j'ai mis un peu de temps à mettre en route, tant le chemin me semblait encombré d'incertitudes et de pièges.

Finalement, toujours en mouvement, cette idée s'est transformée en deux livres qui vont sortir dans peu de temps.

Dedans, des témoignages de personnalités marseillaises, des photos d'une grande puissance, des textes intimes et universels.

C'est pour très bientôt.

30 personnalités vont vous ouvrir leur coeur. Vous raconter la naissance de leur passion. Le coup d'arrêt brutal du 17 mars 2020. Et comment, finalement, on se dépatouille avec tout ça.

Tout ça ?

La vie, quoi !

Ces deux livres vont s'appeler : *"Comme des interdits »*.

Titre choisi en hommage à "mon" chanteur Christophe et à son morceau que j'adore *"Comme un interdit."*

Pour témoigner que tout est possible à ceux qui avancent, quels que soient le contexte et la situation. Quels que soient les interdits finalement !
Go go !

20 mai 2023

C'est le genre de soirée sans filtre.
Ni pour la photo ni pour l'amitié.
C'est le genre de soirée qui fait du bien.
Le beau et le gentil et le naturel font du bien à l'âme.
Nous étions à Quinta de Lago, dans un hôtel incroyable.
Nous sommes des privilégiés. Pas les moyens ni même l'envie de payer une chambre aussi chère, mais passer un moment doux et paisible, c'est permis. Recommandé même.
L'Algarve, c'est tout ça : du populaire et du Miami. Du bleu et du vert. À Faro et autour, il paraît qu'il y a la Floride de L'Europe. D'autres préfèrent dire « La Californie de l'Europe ».
Je vais les mettre d'accord : notre p'tit coin de paradis c'est notre p'tit coin de paradis.
Point.
Sans filtre.

Le contexte :
Tina Turner vient de mourir.

25 mai 2023

Mon papa était, je crois, un peu amoureux de Tina Turner. Enfin, des jambes de Tina Turner. Je crois qu'il se foutait totalement des chansons de Tina Turner.

Mais quand les jambes de Tina Turner apparaissaient si longues, si puissantes, si mouvantes, à la télé rectangulaire, mon père arrêtait tout. Ça énervait un peu ma mère, moi ça me faisait rire.

Souchon a écrit sur les yeux d'Ava Gardner.

J'aimerais écrire sur les jambes de Tina Turner.

Simply the best…

13 juin 2023

On ne se rend pas toujours compte quand on n'est pas du métier. Quel que soit le métier d'ailleurs.
Écrire un livre, monter un livre, éditer un livre, diffuser un livre ? C'est un énorme travail d'équipe.
Seule, on ne faut pas grand chose.
Pour les deux livres *« Comme des interdits »*, je ne sais pas si j'ai choisi les meilleurs mais j'ai choisi des très très bons.
Biskot (Jean-François) d'abord, mon cher directeur artistique, drôle et gueulard, humour British (et marseillais). Doué, patient, efficace mais déterminé. C'est mon copain et j'adore travailler avec lui. Il essaie de me comprendre, n'y arrive pas toujours parce que ma pensée et mon désir sont parfois obscurs ! Merci Biskot pour ton talent.
Il y a Sophie Vernet qui est un œil incroyable. Elle aussi a su écouter mes idées parfois loufoques. Elle a cadré parce que la photographe, c'est elle. Elle a réalisé un certain nombre de portraits de ces deux livres. Le résultat est incroyable, percutant ou tendre selon le sujet, coloré ou sépia. Toujours juste. Merci chère amie pour la qualité de ton travail et ta gentillesse.
Il y a Raphaël Mira, un ami sûr, qui lui aussi tente de canaliser ma pomme. Pas facile… Ça le fait marrer souvent, même s'il me retient un peu par les bretelles parfois, pour ne pas que je parte dans tous les sens. Raphaël va s'occuper des relations presse, son ancien métier. Merci à toi pour le temps que tu m'offres.

Et il y a Alexandra Le Garrec, ma grande (1m75 quand même) et Bellissima amie, c'est d'ailleurs comme ça que je l'appelle souvent.
—*« Dis, Bellissima, tu veux bien faire les deux couvertures des deux livres? »*

La réponse oscillant toujours entre
—« *Fonce ma chérie* » et « *Choisis ce que tu veux ma poulette* », mon bonheur est total quand Bellissima, pardon Alexandra est dans les parages.

Voilà, c'est ça une équipe : des personnes cools, compétentes, gentilles, drôles.
Cette équipe-là a créé deux livres, accompagnée d'autres (Monica notamment pour la préface).
C'est bien beau, une équipe qui ne se tire pas dans les pattes et fait confiance. Et j'en suis bien fière ! Muito obrigada !

14 juillet 2023

Ça fait un petit moment que je n'ai vu un feu d'artifices.

Cette nuit, je pensais à mes 14 juillet d'enfance, souvent passés dans un petit village du sud de la Seine-et-Marne. Je crois me souvenir que ce jour-là était presque autant attendu que Noël.

La descente aux flambeaux de la rue principale, c'était quelque chose. L'attribution du lampion, la découverte de sa couleur (pourvu qu'il soit bleu), la fierté de parader, puis le feu d'artifices vu depuis un champ, les pétard achetés l'après-midi chez le père Marcel (j'écris Marcel mais c'était peut-être Georges ou Jean ou Michel). À l'époque, on ne parlait de pétards que le 14 juillet…

Quelle époque et quelle enfance bénies. Est-ce le signe qu'on vieillit ? Ou que la France va très très très mal ?

Aujourd'hui, 14 juillet, des villes et des villages annulent les festivités. Pas de bal des pompiers. Des flics et des barrières partout. Manu le malin (pour reprendre l'expression de Valéry Zeitoun) hué comme d'hab sur des Champs-Élysées interdits.

On est donc passé de la retraite aux flambeaux joyeuse à ça : on a vieilli et la France est en train de crever sous nos yeux.

Ça me rend triste et c'est une des raisons pour lesquelles je me suis barrée : pour ne pas sombrer avec elle.

Ici au Portugal, le 14 juillet est un jour ordinaire. Et moi, je pense à mon enfance.

Le contexte :
c'est mon anniversaire et je fête mes 55 ans.

21 août 2023

C'est pas vraiment un compte rond mais ça y ressemble. La dernière fois qu'on m'a fait la blague, c'était il y a 11 ans.
"Eh, tu peux pas inverser ton âge !"
Pas si pressée d'atteindre la prochaine blague de ce genre mais bon, qu'y peut-on ? Et puis, pourvu qu'il y en ait encore beaucoup, des blagues de ce genre !
Je sais que j'ai une chance folle, que je l'attrape souvent au bond, que je sais jouer avec. Mais je sais aussi que je suis chanceuse.
Qu'est-ce qui est le plus essentiel ? L'être ou le savoir ?
Qu'est-ce qui est le plus important : paresser sur un hamac ou se jeter à l'eau avec une légère trouille au ventre ?
Les deux, mon capitaine, les deux !
Tout est important, surtout le futile et l'inutile.
C'est le 2e anniversaire que je fête au Portugal. C'est le 2e sans ma p'tite maman.
C'est comme ça.
Je suis tombée sur cette phrase pendant le week-end : même quand je ne suis pas bien, que je traverse des moments terribles dans ma vie, je garde toujours un sentiment de devoir vis-à-vis de la gaieté, comme si c'était une sorte de médicament suprême.

Aujourd'hui est une jolie journée pleine de gaieté et certainement pas un moment terrible. J'ai reçu des cadeaux très originaux. J'aime bien les cadeaux.
Merci à tous vos messages, ici, et sur les autres canaux, privés et sociaux. Vraiment, chaque année, c'est un bonheur. Des proches, la famille, des connaissances, des fidèles. Vraiment merci.
Venez donc me voir !
Puis-je conclure, même si nous sommes lundi, par cette citation du plus connu des Portugais (après Ronaldo, OK...), Fernando Pessoa :
"J'écris un dimanche par une vaste journée de lumière douce, où sur les toits de la ville, le bleu du ciel toujours inédit enferme dans l'oubli l'existence mystérieuse des astres.... C'est dimanche en moi aussi. »

Le contexte :
Deux livres « Comme des interdits » et 30 portraits

31 août 2023

J'ai beaucoup aimé ce que m'a écrit dans le week-end Serge Scotto, l'un des trente portraits, au sujet des deux livres *"Comme des interdits"* : *"Je trouve que tu l'as fait dans la plus grande considération pour tes portraiturés."*

Et le même a ajouté : *"C'est un objet littéraire particulier, entre socio et journalisme, ça doit être dur à situer, c'est entre librairie et presse."*

Et il conclut : *"C'est cool, tu viens d'inventer un genre."*

Toute ma vie, j'ai aimé rencontrer, écouter, fouiller et écrire. Dans la plus grande liberté. Et dans le plus grand respect. Le scoop ne m'a jamais vraiment intéressée quand j'étais journaliste. Non, ce qui me faisait courir à un rendez-vous, c'était l'intimité qu'il allait s'en dégager. Et une parcelle de vérité.

En cela, je crois que le pari des 30 portraits est gagné. Humblement, je suis heureuse que les uns et les autres aient ouverts leurs portes dans la confiance, dans le calme, dans l'échange. Au coeur de cette époque si spéciale et désarmante.

Tous me racontent leur enfance, leur débuts, leurs premiers rêves. Nous croisons leurs parents, leurs premières amours, leurs envies. Nous trébuchons avec eux, nous patientons avec eux quand le succès se fait attendre. Puis nous montons sur scène (au sens figuré mais pas que) avec eux. Nous sommes sur leur épaule quand ils sont acclamés et que la réussite est présente.

Nous sommes sur l'autre épaule quand le 17 mars 2020 arrive avec cette période totalement inédite de fermetures, d'interdits, d'empêchements. Nous écoutons leur trouille pour certains, leur besoin d'être immédiatement en mouvement pour d'autres. Nous nous revoyons à la même période, décontenancée par toute cette histoire.

Et nous assistons à leur redémarrage, nous admirons la force de chacun d'entre eux.

Ces 30 portraits sont tous uniques. Absolument uniques. Malgré des traits communs, évidemment, ils sont uniques. Vous pouvez en prendre un et laisser les autres de coté, pour y revenir plus tard. Pas d'ordre, juste votre choix et votre curiosité.

Alors, vous en êtes avec nous tous, de cette aventure incroyable ?

Pour commander les livres 1 et 2 "Comme des interdits, ou même pour commander portrait par portrait, c'est ici :
www.leshistoiresdekristin.fr

Et je me répète : merci à chacun des 30, merci à ma petite mais merveilleuse équipe qui a permis cette oeuvre particulière, cet ovni bienveillante. Ces deux livres. Ces textes et ces photos.

23 septembre 2023

Hier, avec ma belle enfant, nous avons commencé à préparer les valises qui partiront de Faro pour Madrid. Affaires d'automne et d'hiver.

Je n'en reviens pas du temps qui file plus que de raison.

Les six mois de Stage de Lucie à Cancun s'achève. Et il y a deux ans, déjà, nous l'installions à Madrid, un peu à l'arrache, puisqu'elle comme nous étions interdits de bars, restaurants, boîtes de nuit et même des piscines et des salles de sport.

Ils ont eu tort de se passer de nous trois, parce qu'en tant que piliers de bars, on n'était pas degueus.

Six mois. Deux ans.

Zéro regret.

D'ailleurs, depuis, nous (re)faisons tous pas mal de sport (Je tiens à dire que mes ambitions au padel sont importantes), nous dormons bien mieux et nous nous contentons d'un verre ou deux au coucher du soleil.

Zéro regret, zéro excès.

Madrid, Faro, we love you.

Muchas gracias et muito Obrigada pour votre accueil…

27 octobre 2023

Je suis convaincue, intimement, humblement, que vivre paisiblement dans la beauté et le respect de la nature, c'est une façon de lutter contre le mal.

Nous luttons gentiment, calmement, contre le mal qui ronge ce monde et abîme tant les humains.

Rejoignez la lutte qui n'a rien de finale à Faro, au Portugal.

Vous ne le regretterez pas et c'est bon pour votre karma !

11 novembre 2023

Il y a vraiment une question que je me pose (ou que je fais semblant de me poser).

Pourquoi est-ce si naturel, dans le quotidien portugais, de rencontrer des personnes du monde entier sans la moindre agressivité ?

À la guesthouse, des Ukrainiennes lundi ont mis un 10/10 parce que j'ai arrangé leur séjour (Une arrivée gérée tôt le matin alors qu'elles étaient complètement paumées). Dans la même journée, j'ai été invitée à jouer un match de Padel par deux Russes, de sacrées bonnes joueuses et très sympas (le revers de Svetlana, my god…).

J'ai reçu des irlandais de Dublin quand Claire revient pour la 4e fois à Casa Saudade guesthouse depuis l'Eire.

J'ai discuté en anglais avec un couple de Taïwan puis j'ai conseillé deux young ladies Chinoises de leur séjour à Faro.

Je me suis marrée avec des Républicains des Rocheuses quand des Démocrates de Seattle m'ont raconté la catastrophe américaine depuis Biden (Même s'ils continuent d'exécrer Trump)…

Vous voyez où je veux en venir ?

Rien n'est plus simple que de se parler quand on est face à face ou côte à côte, sans décideurs, sans système. Entre individus.

Ça me rappelle la chanson de Barbara, *Gottingen*. Une chanson naïve comme mon court texte.

Et après tout, si ça n'était pas de la naïveté mais un grand réveil ?
Faites bien attention à vous et contentez-vous des petits plaisirs de la vie. C'est le meilleur service que vous pouvez rendre à un monde emmené délibérément dans le chaos .

Le contexte :
Un couple formidable, Angélique et Christophe, organise à Faro un week-end de visites architecturales intitulé The Modernist.

12 novembre 2023

« Le bien qui grandit dans le monde, écrit George Eliot, dépend en partie d'actes non historiques ; et le fait que l'histoire échappe au pire doit largement au nombre de ceux qui ont vécu fidèlement une vie cachée et reposent dans des tombes oubliées. »

Et pourtant... Les architectes du Modernist week-end à Faro ont dans le silence et la discrétion fait œuvre historique en inventant des maisons étonnantes et libres alors que la dictature salazariste imposait du lourd et du normatif.

C'est par l'art, dans l'art, pour l'art qu'on vainc.

Et dans le silence éloigné du chaos et de la violence.

C'est une vraie leçon, non pas de morale, mais de tenue de vie.

Tracer sa route ou des lignes, écrire sa vie et son œuvre, pour combattre le mal.

Merci aux amateurs de silence et d'art.

Ensemble, nous avons fait un petit pas étonnamment fondamental.

Et au passage, vive Faro !

Le contexte :
Deux tournois de padel dans le week-end : la vie en marche

26 novembre 2023

J'ai dit à coach Miguel ce matin :
—On devrait créer une application Tinder mais juste pour former les couples de double !

Il a répondu :
—Ok, on cherche un développeur !

Deux tournois dans le week-end et plein de points, gagnants ou perdus, positifs et bourrés d'enseignements.
Quel est ce drôle de sport où il ne faut pas donner de la puissance à tes adversaires sous peine de te prendre des scuds ?
Où le lob est un coup d'attaque ?
Où un point se construit patiemment ?
Où la balle n'est jamais vraiment perdue ?
Si proche et si éloigné du tennis.
Le padel nous occupe bien et pendant ce temps, on gagne aussi sur ceux qui veulent empêcher les gens d'être simplement heureux ensemble !
Go Go!
Peço desculpa aos meus amigos portugueses por estar a escrever isto em francês !

2 décembre 2023

J'ai réalisé cette nuit que j'avais un (nouveau) rêve.
Bon, deux en fait mais je ne veux pas me disperser dans ce post.
Je vais réaliser ce rêve.
Faire le tour du monde des artistes du street art. Prendre des photos. Et les exposer, artistes et photos, quelque part à Faro.
Ça fait plus qu'un rêve tout ça…
J'ai discuté ce matin avec une cliente anglaise et elle m'a donné plein d'idées. Des lieux. Des artistes.
C'est important de rêver. Ça suscite le désir. C'est le moteur de la joie et de l'intensité.
Alors, Go Go pour réaliser ce rêve ?
N'hésitez pas à me donner des idées de lieux… Je note tout !

5 décembre 2023

Quand je passe par Facebook, je réalise que c'est pire qu'un film sur TMC (si ça existe encore) : y'a plus de pubs que d'histoires. C'en est presque infernal et à la limite du harcèlement.
Ce soir, j'ai eu droit, sur le début de mon fil, à deux pubs sur le padel (normal), trois sur des vêtements de ski (mais pourquoi ?), sur l'immobilier, des bagnoles (apparemment électriques).
J'ai arrêté de dérouler mon fil.
Je suis repartie chez moi, dans la vraie vie, où l'on n'interrompt pas le vol d'un oiseau pour vous vendre quelque chose.
Fatigue passagère…

13 décembre 2023

Au Club Farense à Faro, y'a comme un p'tit air de Petit Montparnasse ou de Caveau de la Huchette. Ou de La Havane. Ou de Blue Note à NYC.
Y'a comme un air d'avant, du jazz à l'ancienne et pourtant si présent.
C'est un lieu que j'adore. Il y a une salle dédiée aux cartes, une autre au billard. Un bar comme on n'en fait plus.
J'observe les clients et ils jouent avec leurs pouces et leurs majeurs pour accompagner le piano ou la contrebasse. C'est joyeux.
C'est Faro.
C'est le Club Farense qui fête ses 160 années d'existence et de swing.
Nous avons avec darling husband notre carte de membre.
Fiers nous sommes ! Joyeux nous restons !

24 décembre 2023

Joyeux Noël à tous.

Quand nous avons la chance d'être entouré d'amour et de rires, il faut simplement profiter.

Je dis souvent que seuls ne comptent que les petits plaisirs de la vie.

Une chanson bretonne pas écoutée depuis 20 ans et qui semble pourtant nous avoir accompagnée, des crevettes grises toutes petites et si délicieuses, des regards tendres des cousins-cousines, une danse festnoz improvisée suivie d'un Madison, du champagne et du cognac, une verveine dans un bol breton, des photos de mariages au village en 1928 ou des clichés des tatas à la mode au milieu des années 60 magiques.

Une belle enfant faite pour la fête (dans ce sens).

Une famille.

Joyeux Noël.

2024

L'année du mouvement

1er janvier 2024

Hier après-midi, j'ai écrit cette phrase à ma belle enfant ; elle était sur la route, direction Lisbonne (Marseille puis Malte puis Madrid, un périple de plus...), après quelques jours chez papa-maman à Faro et nos vacances familiales et merveilleuses en France. Elle me pose cette question :
—Mamie, elle est née où ?
Je réponds, lui expliquant rapidement qu'elle n'a jamais vécu en Bretagne alors qu'elle état bretonne. Et que c'est le 2e regret important de sa vie.

—Et le premier regret ?
Le premier ?
Ma p'tite maman aurait voulu être fleuriste. Pas forcément en Bretagne. Quoique.

Et j'ai ajouté, pour Lucie et ses 20 ans :
—Morale de l'histoire : vivre sa vie, sans peur. Et sans attendre trop longtemps.

C'est un peu ce que je me souhaite, ce que je souhaite à mes proches que j'aime tant, et à vous tous qui me lisez régulièrement, à la cool.

Oui, pour 2024, soyez vous. N'ayez pas peur d'affirmer votre différence, vos choix, vos folies ou votre vie que vous croyez plan-plan mais qui est simplement la vôtre.
Soyez vous, en vous baladant tranquillement sur votre chemin.
À votre rythme, hors du système qui impose trop et épuise.
Feliz novo ano 2024.
Saúde e felicidade!

24 commentaires dont
Herve N. Et que les mots soignent des maux. Toujours heureux de te lire et de voir que ta lumière a enfourché la vie avec passion. Amitié

14 février 2024

C'est la première fois que j'écris quelque chose le jour de la Saint-Valentin.
Que je dis bonjour à darling husband avec cette phrase :
—Happy Valentine day !

Et qu'il me répond par:
—Hein ? Quoi ? Qu'est-ce t'as dit ?

Faut dire qu'il n'a pas trop trop progressé ni dans la langue de Shakespeare ni dans celle de Pessoa.
Mais pour ce qui est de l'aventure de l'amour, du couple et du feu d'artifices permanent, il en connaît un rayon.
Personne ne sait le secret de l'amour qui dure.
Mais j'ai ma p'tite idée.
Et si le secret c'était de tenter, toujours.
De ne s'ennuyer, jamais.
De douter, parfois.
De se croire irrésistible, rarement.
De faire rire l'autre, chaque jour.
Et d'aimer, généreusement, patiemment, passionnément, attentivement.
Accepter d'être deux.
Feliz Dia dos Namorados, amantes.
(Hein ? Quoi ?)

Le contexte :
Deux photos de moi, la première de tennis, la seconde de padel. Même geste (volée haute de revers).

18 février 2024
Quelques années séparent ces deux photos. Une vie. Des tonnes d'aventures avec « *Je ne sais qui je ne sais quoi* » (Spéciale dédicace to Irina).
Le revers est toujours là, les jambes cavalent. Le mental est bien meilleur aujourd'hui.
L'expérience, la joie de vivre si intense, le plaisir tout simplement.
Chaque matin est un miracle.
Le padel me rend heureuse pour plein de raisons : le sport et le défi bien sûr. Mais plus que ça, le fait de jouer en double, de rire en double, de progresser en double, de comprendre en double. Quelle joie de partager.
Je ne remercierai jamais assez coach Miguel de m'avoir montré le chemin il y a quelques mois. Muito Obrigada
Allez, je vais vous le dire: 38 ans séparent ces deux photos. Rendez-vous dans 38 ans pour une 3e photo de revers !
Go Go !

Le contexte :

Deux autres photos, une de tennis de moi-même en cours avec des tout-petits et une d'aujourd'hui, en cours, mais au padel cette fois-ci.

1er mars 2024

Dans la série « Quelques années séparent ces deux photos »…
Je dirais 34 ans environ.
Été 89 ou 90 à Royan : j'ai adoré enseigner le tennis aux petits comme aux grands.
J'aimais cette émulation de groupe, ces rires, ces bonds de joie quand les premiers échanges étaient possibles.
Je retrouve cette même joie dans le coaching de Miguel.
Par exemple, mercredi après-midi, nous avons dû passer une bonne vingtaine de minutes à travailler la rotation dans le coin des deux vitres. J'en avais le tournis, comme au manège.
Le soir, j'ai participé à un match d'entraînement. J'ai réussi deux fois ce coup si difficile au padel.
Rita, ma partenaire, m'a dit :
—Kiki, tu es heureuse et fière comme une enfant.

Le sport, l'entraînement, le travail, l'échec parfois et puis soudain, bam, la réussite : tout ça rend heureux.
Nous sommes toujours des enfants, mes amis du padel.

7 avril 2024

J'ai aimé cette journée pour plein de raisons.
J'ai aimé me réveiller tôt un dimanche matin. J'ai aimé m'échauffer au lever du soleil.
J'ai aimé rouler en scooter et ne pas avoir froid.
J'ai aimé retrouver ma chère amie Irina pour ce tournoi.
J'ai aimé bien jouer, la voir bien jouer.
J'ai aimé regarder ces toutes jeunes filles nous montrer l'exemple et le chemin.
J'ai aimé la confiance d'Amandine.
J'ai aimé l'amitié de toutes ces joueuses.
J'ai tout aimé de cette journée, même notre défaite, avec ma princesse russe qui est si drôle et si vivante.
Parce que notre défaite à l'arraché est promesse de progrès.
Et puis je suis repartie en scooter et j'ai aimé ça.

Le contexte :
Lucie vient d'obtenir son Bachelor à Madrid

13 avril 2024

Alors, plus de deux années passèrent.
Septembre 2021 - Avril 2024.
Alors cette toute jeune fille de 17 ans et demi devint une jolie jeune femme de 20 ans.
Alors cette bachelière obtint son Bachelor. Sans jamais forcer.
Alors ses deux parents, bien plus bronzés et détendus en 2024 qu'en 2021, abritaient secrètement leur fierté et se félicitaient humblement d'avoir choisi de quitter la France.
Alors, Lucie partit dans Madrid fêter sa jeunesse quand ses parents se baladèrent dans Salamanca, découvrant un nouveau quartier et s'en délectant.
Alors, la vie allait, faite de retrouvailles et d'absences, de rires lancés et de pleurs retenus. D'espoir et d'appréhension. De voyages et de jetlags.
En repensant à ce dimanche soir de septembre 2021, à cette immense porte de la résidence étudiante dans le quartier de Chueca qui venait de se refermer sur ma belle enfant qui entamait sa vie madrilène, les mêmes larmes me viennent. Des larmes où se mêlent l'admiration, la fierté, la joie mais aussi le temps qui file et la nostalgie de l'enfance.
On écrit peu sur les enfants qui grandissent.

On devrait peut-être raconter davantage cette poésie d'être parent.

10 commentaires dont
Maryse B. Merveilleuse histoire d'amour…. Avec des contrastes … des hauts et des bas… des histoires d'amour quoi!?

19 avril 2024

Il n'y a pas que le 19 avril, jour anniversaire, que je pense à mon papa. J'y pense tous les jours. Je pense à lui plus intensément depuis quelques mois. Depuis que j'ai commencé le padel et repris les tournois.

Il a toujours dit qu'il voulait porter le sac de sport de son fils. Il a eu trois filles.

La petite dernière a fait du tennis. Il y a bien longtemps, le papa était fier de porter le sac... de tennis.

S'il voyait mon sac de padel aujourd'hui, il n'en reviendrait pas. Il serait fou de joie. Il est encore plus beau que celui de tennis !

Souvent, quand je joue, j'ai encore le réflexe de chercher son regard et ses conseils.

J'ai l'impression de le voir parfois au bord du court, me montrer de deux doigts de couper la balle pour gêner l'adversaire.

Je crois que j'ai toujours aimé jouer pour quelqu'un.

Pour lui, pour ma Lol, Marie-Aude, pour une équipe. Aujourd'hui pour Irina, Anne, Weder, Ana et pour mon équipe de The Campus ou de Gambelas avec mon cher coach Miguel.

Dimanche, au bord du court, il y aura à nouveau cette présence invisible pour me dire :

—Arrête de viser la ligne, Kiki. C'est trop risqué !

28 avril 2024

Il y a trois ans, en France, on en était donc là. À faire du sport dans la clandestinité et à rêver de plage.

Chaque matin que Dieu m'offre, je me répète qu'avec darling husband et Lucie, nous avons fait le meilleur choix qui soit en se barrant de ce pays de fadas.

J'ai laissé les gants de boxe au placard pour les remplacer par une sacrée bonne raquette de padel. Praia de Faro et tant d'autres lieux sublimes nous accueillent régulièrement,

Trois ans, c'est une éternité et pourtant, c'est juste là.

Pour se rappeler que les fadas n'en ont pas fini avec leurs idées à deux balles pour empêcher les peuples de vivre une vie décente. Peut-être un jour faudra-t-il ressortir les gants de boxe…

Le contexte :

Lucie vient de partir en stage pour six mois à Bangkok.

3 mai 2024

Une vingtaine d'heures plus tard et une nuit de sommeil assez hachée pour tout le monde, Bangkok. Pour six mois.

Lucie, tu vas vivre tant de nouvelles choses, rencontrer tant de nouvelles personnes, t'ouvrir encore plus au monde, le découvrir, le comprendre.

Surtout, tu vas découvrir de nouvelles facettes de toi.

Quel courage tu as.

J'en parlais hier soir avec une amie. Elle me rappelait ceci :

—Souviens-toi que nous sommes parties très jeunes pour être jeune fille au pair à NYC.

Oui, je m'en souviens comme si c'était hier. Enfin, avant-hier.

Je ne sais pas si mes parents ont eu le cœur brisé de le voir partir.

Le mien et celui de darling husband aujourd'hui sont gonflés de joie, de fierté. Avec un zeste de tristesse car la vie file et les enfants avec.

Hier, si le Taje a débordé quand j'ai emprunté le long pont Vasco de Gama, c'est un peu de mes larmes qu'il s'est rempli.

Aujourd'hui, c'est une belle journée. Presque partout dans le monde. C'est une belle journée pour les audacieux et les jeunes femmes qui osent !
Go go ma Lucie. On se voit dans quelques mois pour te serrer fort.

12 commentaires dont
Silvia P.-G. Notre plus réussite, c'est quand nos enfants sont capables de vivre sans nous. C'est vers ça que nous devons les amener. Ils savent que quoiqu'il arrive, nous serons toujours là pour eux. Bravo à Lucie

Le contexte :

Jean-Claude Gaudin, maire de Marseille pendant 25 ans, vient de mourir. Je poste une photo où je marche avec Jean-Claude Gaudin, Jacques Chirac et Hubert Falco. Nous sommes au début des années 2000.

20 mai 2024

J'ai déjà raconté cette anecdote d'un samedi après-midi au soleil de Sormiou. Je la remets ici :

"Août. 2002 je crois. Je suis journaliste. C'est un samedi assez calme. Je reçois un coup de fil. Un proche du maire.
—"Le maire reçoit le président de la République dans son cabanon à Sormiou. »

Ni une ni deux, je saute dans mon bolide fendant l'air jusqu'à la belle calanque. Accompagnée d'un photographe. Je suis accueillie par le chef du protocole. Puis par le maire: il est bronzé, détendu, en tenue estivale, c'est-à-dire sans cravate.
—Chirac est de bonne humeur, il veut bien que vous marchiez un peu avec nous, mais pas de question.

Il ajoute :
—Simone Veil est là également. Elle vient de perdre un fils. Ne l'importunez pas.

J'avale ma salive, et je me mets au boulot. Je rigole avec Hubert Falco, le maire de Toulon (L'était-il à l'époque d'ailleurs ?), je discute avec Gaudin, de politique, de son cabanon, de son enfance, sous le regard coquin du président de la République. On finit par échanger quelques mots :
—Monsieur le président, je sais que vous ne voulez pas faire de déclaration, mais je ne peux pas rentrer au journal sans rien...

Bref je fais la petite fille. Le pantalon en cuir que je porte doit aider à la confidence...
Ça marche, un peu.
Je ne sais plus trop ce qu'il me dit, mais il dit quelque chose.
J'adore ce moment, cette photo est si drôle.
Elle a même fini sur l'étagère de la commode de la grand-mère de darling husband, qui était gaudiniste et chiraquienne, et dans le garage de mes cousins bretons, plutôt de gauche !
Je n'ai pas embêté Simone Veil mais je me souviens de son sourire si triste quand je suis allée la saluer. On a discuté de la mer, de l'été. En douceur.
Le soir, de retour au journal, alors que j'écris mon papier, mon téléphone sonne. C'est Gaudin. Il rigole et il s'amuse :
—Alors je vous ai fait un beau cadeau ! J'espère que vous serez plus gentille avec moi à l'avenir.

—Monsieur le maire, merci ! Mais sur la gentillesse, n'y comptez pas !"
Jean-Claude Gaudin est mort et nous sommes nombreux à être submergés de souvenirs. C'était un monument, avec un parcours incroyable, une mémoire (et un appétit) d'éléphant, des parts d'ombre, comme tout homme.
J'ai également souvenir de ce voyage à Londres en tout petit comité. Nous nous retrouvons pour le petit déjeuner. Je le vois hésiter, saliver un peu en voyant mes oeufs au plat bacon.
—Monsieur le Maire, vous avez un problème?
—Oui, je voudrais bien des oeufs au plat comme vous.
—Eh bien, qui vous en empêche ?
—Je ne sais pas comment on dit ça en anglais ! Vous savez bien que je parle anglais comme Charles Pasqua !
—Vous voulez que j'aille vous en chercher ?
—Ça serait gentil, oui.
—J'y vais mais je vais vous apprendre à le dire, pour la prochaine fois : sunny-side up, ça se dit.

Ces oeufs air plat étaient délicieux. C'est un sacré souvenir. Il y en a tant.
Marseille définitivement ne sera plus jamais la même.
Condoléances à ses proches et à sa famille.

10 juin 2024

Prendre un peu de hauteur.
Faire plusieurs pas de côté.
Mettre de la distance.
S'éloigner du bruit.
Se concentrer sur ses objectifs.
Ne pas succomber à la peur.
Ni aux clichés.
Ni à la propagande.
Comprendre les éléments du réel.
Choisir une stratégie.
Analyser la tactique des adversaires.
Et jouer pour le bonheur de jouer.
Gagner pour le bonheur de gagner.
Librement.
Finalement, le padel, la vie, la politique, c'est un peu pareil.
Ceux qui se précipitent sans réfléchir par eux-mêmes sont rarement les vainqueurs.
Comme chantait Véronique Sanson, mi-maître mi-esclave.
Ni l'un ni l'autre pour moi.
Juste libre.
Ou en devenir.

Le contexte :
Des élections législatives ont lieu en France, après la dissolution voulue par Macron.

28 juin 2024

Je ne pense qu'à vivre sereinement, (re) jouer au padel (une blessure pénible tennis elbow oblige à du repos), à voyager, à aller à la plage, à écrire, à lire, à faire des câlins aux gens que j'aime. À donner beaucoup, recevoir un peu.
Tandis que la France s'écroule sous nos yeux ébahis.
Alors que le piège de Macron, orchestré par les hommes de Davos et d'ailleurs, se referme sur tout un peuple.
Voter pour le chaos social, le chaos économique ou le chaos déjà En Marche ?
C'est étonnant de voir la grande majorité de la classe politique française associée aux médias mainstream continuer de prendre le petit peuple pour une somme d'abrutis. Et celui-ci de gaver les mêmes rengaines entendus jusqu'à l'indigestion, voire l'intoxication.
C'est presque drôle de les écouter parler de discrimination quand ils ont encouragé pour la plupart les pass sanitaire et vaccinal. Sans aucune honte.
Quand ils nous ont interdit de visiter une maman à l'hôpital, de pratiquer un sport, de mener une vie sociale.

Du coup, comme disent les jeunes, je me repais de cette expression depuis 2021 :
—Ils sont nés avant la honte. Tous.

Dimanche soir, nous serons avec darling husband devant notre télévision pour regarder une dernière fois tous ces guignols.
À partager la tristesse du peuple. Des petits. Des modestes.
En repensant au référendum de 2005 et à la façon dont la classe politique s'est assise sur le vote du peuple souverain.
Ce qui va arriver ces deux dimanches qui viennent vous surprend vraiment ?

Le contexte :
Les Français ont voté. Y aura-t-il un nouveau premier ministre?

9 juillet 2024
Déclaration officielle et solennelle :
"Je ne suis pas prête à assumer la fonction de Première ministre."
Contrairement à toutes zet tous.
J'ai mieux à être...

Le contexte :
La cérémonie d'ouverture des Jeux Olympiques à Paris… pour le moins surprenante voire dérangeante.

23 juillet 2024
Après cette cérémonie eschatologique d'hier soir diffusée en mondiovision, paraît-il, je crois que je vais calmement relire la Bible. Re-regarder Ratatouille aussi pour retrouver la poésie de Paris (Si si, il y a des rats gentils à Paris). Attendre la nouvelle saison de *Emily in Paris* pour oublier le cauchemar wokiste.
Oh my god

23 commentaires dont
Jean-Baptiste F. Ce que vous appelez le « wokisme » (théorie fantasmatique qui n'existe nulle part ailleurs que dans le cerveau malade des réactionnaires) est tout simplement la tolérance qui, avec la liberté, l'égalité et la fraternité fait partie des fondations de la République Française. Ce qui prouve bien que les gens comme vous ignorent ou détestent ce qu'est la République, qui vous emmerde bien par ailleurs.
Jean-Baptiste F. Amen.. vous réciterez deux Avé et trois Pater pour vous faire pardonner. Allez, zou, petit perroquet.
Sarah B. Oh dja dja j'chui pas ta pute dja dja
Et surtout surtout vive la France!
Sarah B. Arrête de faire ta réac ! Tu comprends rien à l'art !

Le contexte :
Alain Delon vient de mourir

18 août 2024

C'est le plus bel homme du monde qui, un jour, eut la délicatesse de m'appeler pour me remercier d'avoir écrit ceci, alors que « toujours les mêmes » critiquaient sa prestation de l'adaptation du roman de Izzo :
—« *Un homme qui a été aimé par Romy Schneider ne peut pas être tout à fait mauvais.* »

Ce jour-là, le plus bel homme du monde m'a dit, et je ne l'ai pas cru :
—Quand j'arrêterai le cinéma, je penserai à vous.

Bon voyage au plus bel homme du monde. Je pense à vous, cher Alain Delon.
127 likes

Et voici le texte écrit il y a quelques années sur cet appel téléphonique du plus bel homme du monde à une modeste journaliste de province (moi en l'occurrence) :

« Alain Delon, je l'ai eu au téléphone. C'est lui qui m'a appelée. Je ne me souviens plus de l'année, mais ça se retrouve aisément. La veille, j'avais couvert l'avant-première de Fabio Montale, enfin l'adaptation du livre de Jean-Claude Izzo. Je m'étais pas mal disputée avec des confrères qui trouvaient que Delon n'était pas Fabio Montale, que Delon ne pouvait pas interpréter le héros d'un écrivain communiste.
Foutaises. Bullshits.
Aujourd'hui, ce sont des pseudo-féministes américaines qui ont fait tourner une pétition ridicule parce que Delon a reçu une palme d'honneur à Cannes. Ce sont les mêmes.
Foutaises.
Donc, il y a une bonne quinzaine d'années, je rentre du palais du Pharo, à Marseille, et je dois écrire mon papier sur cette avant-première. Je crois que je suis seule au journal avec la secrétaire de rédaction et mon chef de service; Alain Roseghini, un homme adorable et sensible, toujours un petit cigarillo au coin de la bouche. Il me dit: je vais te servir un fond de whisky, et je te commande une pizza. Toi, écris!
Je me mets à écrire. Ça sort tout seul. il faut dire que Delon, c'est inspirant.
Le papier est envoyé, une pleine page.
Le jour d'après, vers 14h30 il me semble, mon téléphone sonne. Je ne reconnais pas le numéro. J'entends un soupir et une voix d'homme qui me dit:

—Bonjour, c'est votre star.
Je souris, je pense qu'un copain d'enfance, belge, me fait une blague en imitant Delon. Je dis:
—Stéphane, arrête, je t'ai reconnu !
—Non, ce n'est pas Stéphane. C'est votre star. je suis Alain Delon.

Grand blanc. De ma part. Et un petit rire, de l'autre côté du combiné.
—C'est vous, vraiment vous ? oh pardon, j'ai un copain qui fait ce genre de blagues.
—Oui, c'est bien moi. Je voulais vous remercier. Notamment pour une phrase que vous avez écrite dans votre article.

Comme je ne reste pas longtemps timide, et que je sais instantanément que je suis en train de vivre un moment magique dans ma vie professionnelle, enfin dans ma vie tout court, je reprends vite de l'assurance.
—Monsieur, je crois savoir laquelle, de phrase, mais dites-moi.

En gros, je drague un peu Alain Delon.
—Vous avez écrit ça et c'est très beau : "Un homme qui a été aimé par Romy Schneider ne peut pas être tout à fait mauvais." Ça m'a beaucoup touché.
Je suis très fière de cette phrase et je le lui dis :

—Je suis sincère et je le pense profondément.

Et il se met à me parler un peu de "Romy".
Autour de moi, des journalistes s'activent, font du bruit. Je fais des signes, chut, je suis avec Delon au téléphone quand même...
Puis on parle de musique. Il demande :
—Qu'est-ce que vous écoutez comme musique ?

Au bout d'un petit quart d'heure, il fait référence à la chute de mon article. J'avais écrit quelque chose comme ça, alors que Delon disait vouloir arrêter la cinéma.
—Monsieur, faites encore des films, pour nous qui aimons la star.

Enfin, j'avais écrit un truc mieux tourné mais c'était l'idée. Là, il me dit :
—Le jour où je choisirai d'arrêter le cinéma, c'est à vous que je penserai.

Je me dis: Delon me drague !
Je lui réponds :
-Ça me touche beaucoup mais je ne crois pas que vous penserez à moi à ce moment-là. Simplement, le fait de me le dire, ça me fait rêver. Je vous remercie.

On s'est dit au revoir, moi sur une espèce de nuage comme une gamine. Lui, de sa voix un peu basse, une voix presque silencieuse, de ces hommes qui n'ont pas besoin de gueuler pour se faire entendre. Il a raccroché. J'ai dû garder le téléphone dans la main un bon moment. »

29 octobre 2024

Je vais encore me faire des copains.
Dieu que je n'aime pas cette fête d'Halloween. Je l'ai découverte en 91 alors que j'étais jeune fille au pair à New York. À Hartsdale plus exactement, la banlieue chic.
Je n'ai pas aimé. Pas du tout. Alors que j'adore le carnaval, joyeux, inventif, drôle, poétique, cet Halloween et ce culte de la mort me font froid dans le dos. Ces montagnes de bonbons, ces déguisements tous plus hideux les uns que les autres, ces toiles d'araignées pourries dans les magasins me glacent.
Malheur, cette fête ridicule et sombre s'est répandue en Europe et je sais que les jeunes et les enfants l'adorent. Petites âmes innocentes qui ne voient pas ce qui se cache derrière ce nouveau rituel.
La peur, la laideur, le sang.
Je n'irais pas jusqu'à écrire que le diable est en train de gagner contre Jésus et le Bien, mais pas loin.
D'ailleurs, le diable est partout. Comme dans la délégation qui accompagne Macron au Maroc. Des condamnés, des condamnables, des âmes noires, des sales types, des corrompus, des méprisables, des nauséabonds, de vils personnages.
Cette société qui érige le Mal en signe distinctif de réussite et de reconnaissance me dégoûte profondément.

Moi, je vais plutôt aller à mon p'tit marché acheter des légumes de saison, frais et sains, pour préparer une bonne soupe. C'est super bon, la citrouille, dans la soupe.

Le contexte :

Donald Trump vient d'être élu 47e président des États-Unis, avec une victoire écrasante sur Kamala Harris.

6 novembre 2024

Il y a 4 ans, dans mon libre *"K & L se baladent dans la vie (et à Marseille) - 2"*, je disais au revoir à Mélania.
Aujourd'hui, je lui souhaite "Welcome back".
En 4 ans, le monde a connu tant et tant de bouleversements et d'horreurs. Je ne vais pas les lister ici, ce serait indécent.
De notre côté avec darling husband, nous avons passé des milliers d'heures à lire, à écouter des conférences, à essayer d'y comprendre un peu quelque chose. À discuter, à se confronter, à prendre de la distance aussi.
Il y a 4 ans, on découvrait, effarés, que les élites ne veulent pas du bien au(x) peuple(s). On le savait déjà un peu, mais à ce point, on n'imaginait pas.
On creusait pour comprendre Vanguard, Blackrock, le Forum de Davos, l'OMS, la BCE, on lisait les textes de Klaus Schwab et on supportait la morgue de Christine Lagarde. On détaillait les tentacules de Bill Gates ou de la fondation Soros. On en a eu, du courage et de la vaillance, pour se taper de tels écrits mondialistes.
Notre bibliothèque aujourd'hui s'est étoffée de poésie, de romans, de BDs, de livres de santé naturelle mais aussi d'ouvrages

difficiles, exigeants. Parmi lesquels, en tête, celui de Robert F. Kennedy junior, fils et neveu de... et futur Rambo Santé et anti-corruption dans l'administration Trump.

640 pages sur Fauci, Gates, Big Pharma. Faut se les farcir, ces 640 pages.

Mais quand on a envie de savoir, de ne plus être pris pour des jambons, on fait l'effort. C'est le prix de la liberté.

Ici, aujourd'hui 6 novembre 2024, ce sera donc sans doute le dernier post consacré à l'actualité. À partir de maintenant, je vais consacrer cet espace à vous parler de livres, de photos, d'expositions, de Padel, de street art, d'histoire de l'art, peut-être de santé naturelle aussi, allez savoir. De nature et de beauté aussi. D'amour et de famille.

Je craquerai peut-être de temps en temps, allez savoir...

Un recueil de mes chroniques Facebook va sortir dans 3/4 semaines. Intitulé *"Les années folles (2020-2024) »,* il retracera ces 1000 et quelques jours de corruption, de propagande, de découvertes, de manipulations, de peur... et d'espoir.

Je vous tiens au courant.

Allez, je vais préparer ma valise... pour New-York. On se reparle de là-bas ?

Go go chers amis.

Épilogue

Voilà, c'est fini. Vous êtes arrivés au bout de 4 années complètement folles. Un espoir s'est levé.

Références

(1) Philippe Pujol, Facebook
(2) "Journal du confinement" : la vie un peu trop rose de Leïla Slimani, par Diane Ducret
(3) Marcelle le média, article d'Hervé Vaudoit sur Didier Raoult
(4) Lien Youtube : Lucile Cornet-Vernet - Les Maisons de l'Artemisia - "Une plante ancestrale contre le paludisme »
(5) Article de slate.fr sur le confinement : la leçon suédoise
(6) Un article Article Le Journal de Montréal : la santé publique du Canada conseille le port du masque pendant les relations sexuelles
(7) Didier Van Cauwelaert : lettre ouverte au président de la République
(8) Annonce par le Premier ministre Jean Castex sur l'AFP sur la fermeture des stations de ski et autres aberrations administratives
(9) Tribune de Guillaume Meurice sur les petits patrons
(10) Une tribune écrite par Céline Pina sur son Facebook
(11) Var-Matin : « Ces défunts classés morts covid alors qu'ils sont probablement morts d'autre chose : le désarroi des familles »

(12) Après la reprise, pardon le massacre de « Ne me quitte pas » par Camelia Jordana et Yseult.
https://www.youtube.com/watch?v=kFtfhBram9U
(13) Suite à un reportage sur France 3 : « Je suis pour laisser vivre les gens qui ne sont pas à risques » : le coup de gueule d'un médecin toulousain.
(14) Article du Canard Enchaîné sur un resto clandestin près de BFMTV
(15) Michèle Rivasi, députée européenne :
https://odysee.com/.../gestion-covid-19-a-lue-michele...
(16) La cérémonie des César 2021et le texte superbement hilarant de Nathalie Bianco sur son Facebook
(17) Une tribune du Pr Duverger, pédopsychiatre : adolescence au temps du Covid, la génération brouillard
(18) Une tribune de Catherine Frot sur l'abandon des personnes âgées et leur mort dans la plus extrême solitude.
https://x.com/collcartonjaune/status/1391739164652150793?s=12&fbclid=IwY2xjawGNsmtleHRuA2FlbQIxMQABHZvw-BHscqEfEkPgQf-3sjP1MWf_Pt2vZ2muCoe2vWxToqeP-CE50b84O5Mw_aem_7G1B7lRoXGnsFt7yW0W4yw
(19) Interview dans Paris-Match d'Isabelle Adjani par Nicolas Bedos à l'occasion de la sortie du film « Mascarade »
(20) Michel Houellebecq - Lettre sur l'après-confinement
(21) Un article dans le journal Fakir (**21**) sur l'état actuel du journalisme

https://www.fakirpresse.info/moi-journaliste-fantome-au...
(22) Livre "Les rivales » de Johnette Howard
(23) Virginie Despentes, « *Cher connard* ». *Ed. Grasset*
(24) Article de Paris-Match avec Frédéric Mitterrand grimé en Brad Pitt.

Remerciements

Je pense à tous ces gens que je ne connaissais pas ou si peu, ou si mal, il y a encore 5 ans. Ceux, qui inlassablement, se battent contre une gigantesque et puissante machine à broyer, contre le mondialisme, contre la terreur silencieuse et contemporaine. Je ne peux pas tous les nommer, mais je voudrais ici en citer quelques-uns : Didier Raoult, Éric Chabrière, Philippe Parola, Christian Perronne, Laurent Toubiana, Pierre Chaillot, Arianne Bilheran, Béatrice Rosen, Éric Morillot, Clémence Houdiakova, Didier Maïsto, Nicolas Vidal, Victor Sinclair, Naïm, Bertrand Scholler, Christian Combaz-Campagnol, Louis Fouché, Alexis Poulin, Zoé Sagan-Aurélien Poirson, Juan Branco, Alexis Haupt, Idriss Aberkane, Etienne Chouard, Alexandra Henrion-Caude, Charles Gave, Jérémie Mercier, Pierre Barnerias, Frédéric Aigouy et tant d'autres. Oui, tant d'autres qui chaque jour depuis plus de 4 ans sont au charbon.

Je pense également à mes amis et mes copains, à ceux qui sont entrés dans ma vie, ceux aussi qui en sortent parce qu'ils n'arrivent pas, pour le moment, à regarder le réel en face. Je ne leur en veux pas, même si leur complicité, leur silence, leur déni servent aussi la face sombre du monde. Ils y viendront, je l'espère, à la lumière.

Je pense bien sûr à Darling husband, inlassable curieux. À ma belle enfant Lucie. À Adeline, Maxime, Corentin et Héloïse. Que votre existence soit douce, mes enfants. Nous essayons de vous laisser un monde un peu moins pourri.

Et puis, last but not least, merci à Jésus.

Contacts

Pour me retrouver, c'est par ici :

Facebook : Christine F-k
Instagram : Kristin_romanciere / my_streeart_worldtrip
www.leshistoiresdekristin.fr